LA LEY DE
LA LIBERTAD

*Los Diez Mandamientos:
aplicaciones para la
vida del creyente*

MIGUEL NÚÑEZ
CON VIOLA NÚÑEZ

Colección
Integridad
&Sabiduría

integridadysabiduria.org

ESPAÑOL
NASHVILLE, TENNESSEE

La ley de la libertad: Los Diez Mandamientos: aplicaciones para la vida del creyente

B&H Publishing Group
Nashville, TN 37234

Clasificación Decimal Dewey: 241.5
Clasifíquese: CRISTIANISMO / ANTIGUO TESTAMENTO /
DIEZ MANDAMIENTOS

ISBN: 978-1-5359-9715-7

Impreso en EE. UU.

1 2 3 4 5 * 23 22 21 20

CONTENIDO

DEDICATORIA

A la memoria de nuestro padre, Luis Napoleón Núñez Molina, varón de Dios, sabio, íntegro y humilde. Él practicó durante su vida muchas de las virtudes y las enseñanzas incluidas en este texto. Su ejemplo marcó profundas huellas que atesoramos en nuestro corazón. Damos gracias al Señor porque nos regaló su presencia e hizo de él un instrumento útil en sus manos.

Introducción

Estamos seguros de que, si hoy realizáramos una encuesta en nuestro medio sobre qué es la ley de Dios, recibiríamos respuestas como esta: «Son los Diez Mandamientos que se deben cumplir». Si la persona encuestada posee algún conocimiento de la Biblia, quizás podría afirmar: «Es el resumen del Antiguo y el Nuevo Testamento» o «Es una ley a la que están sujetos quienes creen en Dios». Nos atrevemos a asegurar que las respuestas que recibiríamos estarían siempre relacionadas con legislación o disciplina porque el ser humano concibe así estas ordenanzas. Sin embargo, aunque la ley de Dios abarca todo eso, ninguna de las expresiones anteriores manifiesta su esencia primordial.

La ley de Jehová no debe asumirse con la idea preconcebida de una lista de reglas que cumplir porque su naturaleza radica en el amor por Su pueblo. Se decretó con el propósito de ofrecer libertad a quienes la acepten y la cumplan. Además, revela Su carácter, Su voluntad perfecta y soberana, y establece en forma detallada cómo el ser humano puede relacionarse con Él. Estaremos libres y seguros al mantenernos bajo el alcance de la ley de Dios. La ley de Dios refleja quién es Dios en Su esencia y ese Dios está por nosotros y no contra nosotros (Rom. 8:31). Por eso, Su ley debe ser vista como un regalo para nosotros, Sus hijos.

En el idioma hebreo, el término que se utiliza para referirse a la ley de Dios se traduce como «enseñar». Cuando Él decreta Su ley, entrega este mensaje al pueblo: «Yo te enseño mi amor y mi carácter, cómo relacionarte conmigo, te instruyo en lo que no debes hacer y en lo que precisas realizar si anhelas ser libre». Cuando lo apreciamos de este modo, advertimos que no hay sentido legal en Sus mandatos. Constituyen una enseñanza que Él nos entregó como muestra de amor. Su objetivo es que, al obedecerla, recibamos libertad.

Cuando leemos el Salmo 119, notamos cómo el salmista entendió la ley de Dios. En el versículo 97, en específico, exclamó: «¡Cuánto amo tu ley!…». Aun en un tiempo en que se practicaba tanto ritualismo como legalismo para acercarse a Dios, Él nunca consideró Sus estatutos como una imposición, sino como la demostración de Su amor, como una liberación.

En el versículo 34 del mismo Salmo, el salmista expresa: «Dame entendimiento para que guarde tu ley y la cumpla de todo corazón», como una forma de expresar: «Sea que me encuentre en la casa, que trabaje o que medite, quiero hacerlo en obediencia y sujeción a tus decretos». La razón para amar tanto la ley es que el autor del Salmo nunca la sintió como una imposición de parte de Dios ni como un juicio o una restricción, sino que la abrazó como un recurso de protección que le otorgaba discernimiento y buen juicio. Así, podría vivir sabiamente y llegaría a ser libre.

No debemos pasar por alto una importante verdad: la ley no fue entregada al ser humano para salvarlo. Esto no significa que su cumplimiento no pudiera hacerlo, sino que el ser humano era y es incapaz de cumplirla en su totalidad. La Biblia revela esto en Romanos 8:3 cuando expresa: «Pues lo que la ley no pudo hacer, ya que era débil por causa de la carne…». Esta porción del versículo no implica que la ley de Dios es débil para otorgarme salvación, sino que la fragilidad de la carne me impide cumplirla a la perfección. Por esa razón, Jesús tuvo que venir para cumplirla en mi lugar: «No penséis que he venido para abolir la ley o los profetas; no he venido para abolir, sino para cumplir» (Mat. 5:17).

De este modo, la exigencia de la ley cumplida a cabalidad por Jesús es contada a nuestro favor. Por ello, su cumplimiento no es un requisito para nuestra salvación, ya que nunca seríamos salvos dada nuestra incapacidad para obedecer. Solo por la gracia de Dios, por medio de la fe depositada en Jesucristo, podemos ser salvos. Gálatas 3:11 resalta este principio cuando expresa: «Y que nadie es justificado ante Dios por la ley es evidente, porque el justo vivirá por la fe». Ahora bien, si Él conocía que nadie podría cumplir la ley, ¿con qué propósito nos entregó Su ley? Algunos dirían que eso constituye un sinsentido de parte de Dios. Entonces, ¿para qué sirvió la ley? Pues, sin dudas cumplió varios propósitos:

- Revelar Su carácter y, en especial, mostrarnos Su santidad, cualidad que no habríamos apreciado de otra manera.
- Enseñarnos qué es lo que complace a nuestro Dios, invitándonos a caminar en santidad.
- Evidenciar la incapacidad humana de cumplir sus decretos.
- Enseñarnos la necesidad de la gracia.
- Demostrarnos Su amor por medio de Jesús, el Salvador, quien estuvo dispuesto a encarnarse y cumplir la ley por nosotros.
- Frenar parcialmente el pecado de la humanidad.

Por esta razón, Gálatas 3:24 afirma: «De manera que la ley ha venido a ser nuestro ayo para conducirnos a Cristo...». En la antigüedad, un ayo era alguien comparable a las nanas o niñeras de nuestra cultura actual. Sin embargo, en el idioma griego, el término poseía una connotación en extremo más amplia que la otorgada a este personaje hoy. En ese entonces, el ayo era usualmente un esclavo asignado a un niño para cuidarlo. Además, debía encargarse de su educación, acompañarlo en todo momento y supervisar sus actividades. También era su responsabilidad garantizar que el infante no sufriera daño hasta que llegara a la edad adulta. En consecuencia, la relación entre ambos se volvía tan cercana y la compañía tan inseparable que llegaba un momento en que el niño no era capaz de prescindir de la asistencia de su ayo.

El apóstol Pablo, como vimos, declara que la ley fue nuestro ayo. Así, de modo simbólico, afirma que esta constituyó una defensa para el pueblo, una especie de muro de contención hasta el momento de recibir la gracia provista por Jesús. Entonces, la ley fue el ayo que nos condujo a Cristo. Ese es el magnífico plan que Dios diseñó para Su pueblo. La Biblia expresa en 1 Juan 3:4 que «... el pecado es infracción de la ley». Como expusimos, la ley de Dios revela Su carácter y Su amor por nosotros. Por lo tanto, al pecar cometemos una violación de Su naturaleza y expresamos nuestra falta de confianza en Su amor, al no creer que la ley fue promulgada para nuestra protección. Su rechazo es manifiesto en nuestro pecado.

Cuando el cristiano comprende que la ley de Dios es una muestra del amor de Dios, una línea de conducta trazada para evitar los peligros que amenazan nuestra existencia, modifica su forma de pensar y actuar. Debemos percibir sus decretos como una fortaleza espiritual a la cual recurrir en busca de refugio, como una norma para distinguir lo bueno de lo malo y lo santo de lo profano; como una roca de anclaje para mantenernos firmes ante las corrientes tentadoras de este mundo. Quien permanece alejado de Dios y de Su ley, aunque estime que posee el vigor suficiente para enfrentar y vencer las tentaciones, eventualmente se derrumbará como evidencia de su equivocación.

Los beneficios de la ley de Dios

El Salmo 19:7-10 resume para nosotros algunos de los múltiples beneficios de la ley de Dios:

> *La ley del Señor es perfecta, que restaura el alma;*
> *el testimonio del Señor es seguro, que hace sabio al sencillo.*
> *Los preceptos del Señor son rectos, que alegran el corazón;*
> *el mandamiento del Señor es puro, que alumbra los ojos.*
> *El temor del Señor es limpio, que permanece para siempre;*
> *los juicios del Señor son verdaderos, todos ellos justos;*
> *deseables más que el oro; sí, más que mucho oro fino,*
> *más dulces que la miel y que el destilar del panal.*

Las bendiciones de la ley de Dios son innumerables, pero las mencionadas en el texto más arriba son suficientes para darnos una idea de cuán bendito es el hombre que ama y se esfuerza por andar en Su ley. La ley que es capaz de hacer lo siguiente:

- Restaurar el alma
- Hacer sabio al sencillo
- Alegrar el corazón
- Alumbrar los ojos

Esa ley a la que alude el Salmo 19 es caracterizada por el salmista así:

- Limpia
- Eterna (permanece para siempre)
- Verdadera
- Justa
- Deseable
- Dulce

Su ley es así para el hombre que busca caminar en ella; ese hombre es un bienaventurado. Meditemos un momento al cerrar esta introducción en lo que el salmista dice, esta vez, en el Salmo 1:1-3:

> *¡Cuán bienaventurado es el hombre que no anda en el consejo*
> *de los impíos,*
> *ni se detiene en el camino de los pecadores,*
> *ni se sienta en la silla de los escarnecedores,*
> *sino que en la ley del Señor está su deleite,*
> *y en su ley medita de día y de noche!*
> *Será como árbol firmemente plantado junto a corrientes de agua,*
> *que da su fruto a su tiempo,*
> *y su hoja no se marchita;*
> *en todo lo que hace, prospera.*

Por eso, Santiago, en su Epístola (1:25), le llama a la ley de Dios **«la ley perfecta, la ley de la libertad»**. Caminar en Su ley nos evita ser esclavos del pecado, de sus hábitos y de sus consecuencias.

Capítulo 1

Cinco razones urgentes para estudiar la ley de Dios

Se han escrito numerosos libros sobre la ley de Dios. Eminentes teólogos y estudiosos de la Biblia han abordado este tema desde distintos puntos de vista. Sin embargo, vivimos un momento histórico particular en que los valores y los antivalores compiten en nuestra sociedad como nunca antes. Esto abarca un vasto terreno en diversos campos. Por ello, consideramos importante contribuir con el presente estudio.

Primera razón: el relativismo en que vive la sociedad de hoy. Atreverse siquiera a mencionar la existencia de valores absolutos, en las sociedades calificadas de «progresistas», es arriesgarse a ser tildado de estrecho de mente o a ser considerado como intolerante. Para el ser humano posmoderno todo es relativo. Así, cada circunstancia que enfrenta puede ser acomodada a su tiempo, a su cultura o a su conveniencia. Los absolutos, en la comunidad contemporánea, resultan irrisorios, insignificantes y anticuados. El relativismo se opone de modo acérrimo a ellos y a la ley de Dios porque representan los valores inmutables.

Segunda razón: el antinomianismo de numerosos cristianos hoy. Este vocablo se deriva de un término griego compuesto por *anti* que significa «contra» y *nómos* que es «ley». Entonces, se refiere a una postura contra la ley. En la actualidad existen pastores, líderes de iglesias y aun profesores de seminarios cristianos que enseñan, porque así lo entienden, que el creyente de hoy vive en la era de la gracia (Nuevo Testamento) y que no precisamos obedecer los mandatos dados en la época de la ley (Antiguo Testamento). Ellos postulan que, tal como expresa Efesios 2:8, la salvación es por gracia a través de la fe. Entonces, aquella antigua ley quedó atrás; no hay motivo para sujetarse a ella. Esta posición es antibíblica como vimos en la introducción de este libro.

Tercera razón: la trivialización del Dios santo. Esto constituye uno de los mayores contrasentidos de la Iglesia de hoy. Se banaliza a Dios en la oración, en las prédicas, en la adoración y, con mayor evidencia, en nuestro andar diario. Es penoso escuchar las oraciones de algunas personas que se dirigen al Señor como si fuera un igual. Pretenden convertirlo en una deidad manipulable, algo así como un títere a su servicio, siempre dispuesto a atender y conceder los antojos de cada persona que ora. Esto ha propiciado que creamos que está bien mantener a Dios en un segundo plano en nuestra vida y decidir por nosotros mismos lo que es bueno o malo. Por esa razón, nos irritamos al escuchar que Él es el único Creador, Sustentador del universo y, por consiguiente, el Legislador de cómo debemos vivir en Su creación. «… en Él vivimos, nos movemos y existimos…» (Hech. 17:28).

Él no solo determina, rige y gobierna a la creación y al ser humano, sino que también ordena cada uno de sus pasos.

Numerosos cristianos han llegado a creer que para estar bien con Dios basta con asistir todos los domingos al templo, ayudar a algún necesitado, dar el diezmo, participar en grupos de ayuda y en algunas actividades de la congregación. Suponen que en la vida cotidiana pueden obrar como deseen, sin detenerse a pensar si sus acciones agradan u ofenden a Dios. No advierten la necesidad de obedecer al Señor. Quienes piensan así afirman que Él no debe interferir en sus vidas privadas.

Cuarta razón: la pérdida de la brújula moral en la sociedad contemporánea. Ese instrumento nos indica el norte y nos ayuda a orientarnos. Es lamentable que el mundo actual no posea una brújula moral. Ha extraviado el norte como nunca antes. No sabe hacia dónde se dirige, no conoce el terreno por dónde camina ni la manera en que lo hace. La consecuencia es que rara vez llega a la meta y, cuando lo logra, poco importa si el medio utilizado es lícito o ilícito, moral o inmoral.

Quinta razón: la crisis de la ley natural. «La comunicación de la ley eterna a criaturas racionales es llamada ley natural [...]. La ley natural es la luz de la razón, mediante la cual discernimos lo que es bueno o malo [...]. Es la ley que está escrita en los corazones de los seres humanos».[1] Durante largo tiempo, el ser humano supo que Dios imprimió una ley en su conciencia. La carta a los Romanos afirma que «... cuando los gentiles, que no tienen la ley, cumplen por instinto los dictados de la ley, ellos, no teniendo la ley, son una ley para sí mismos, ya que muestran la obra de la ley escrita en sus corazones...» (Rom. 2:14-15).

La mayoría de nuestros antepasados no poseían una Biblia en sus casas, no asistían a un templo ni tenían un pastor que los instruyera sobre el evangelio. Sin embargo, hacían uso de su razón y de los dictados de su conciencia. Así llegaban a conocer verdades y principios morales que para ellos eran inviolables. Tenían una idea básica de lo que era bueno o malo, aun si no siempre obedecían los dictados de sus conciencias. Ese principio se conoce como ley natural. En la actualidad ha desaparecido. Hoy se cree que la conciencia no existe, sino que debemos usar la razón exclusivamente y así determinar lo que es más conveniente para nosotros (pragmatismo), lo que nos hará prósperos (utilitarismo) y felices (narcisismo).

En conclusión, por la situación reinante en el momento histórico que vivimos, estimamos necesario este estudio de la ley del Señor a la luz de los conocimientos ya expuestos. Una sociedad para la que todo es relativo, que trivializa a Dios y desconoce Su ley, que vive sin

---

1. Norman Geisler, *Baker Encyclopedia of Christian Apologetics* [Enciclopedia Baker de apologética cristiana] (Grand Rapids: Baker Books, 1999), 415.

una meta y cree poder determinar lo bueno y lo malo, cae como un
avión en picada y no hay quien la detenga.

R. Kent Hughes citó un discurso que entregara David Aikman,
corresponsal sénior de la revista Time en 1991. En dicho mensaje,
Aikman hizo referencia a una entrevista que él tuvo con el expresi-
dente de Rusia, Boris Yeltsin. Esto escribió Aikman: «Yeltsin me dijo
en una entrevista que estaba pensando cómo podía traer sacerdotes
al sistema educativo ruso para que hablaran de ética y moralidad,
y esto me hizo pensar que le tomó a Estados Unidos 200 años de
libertad religiosa para querer expulsar el cristianismo fuera de las
escuelas y a la Unión Soviética le tomó 70 años de ateísmo para
querer hacerlo regresar».[2]

Es una pena que una nación como la norteamericana, que debe
su desarrollo y fortaleza al impacto de los valores cristianos, hoy en
día no reconozca su propia historia y trate de cortar la rama sobre
la cual ha estado sentada por más de 200 años.

Reflexión final

El deterioro social es más notable cada día. Llama nuestra atención
la gran diferencia que existe entre la forma como se comportaban
las generaciones pasadas y las presentes. Existe una insalvable distancia en sus principios y una extraordinaria divergencia en las actitudes de sus miembros. La pregunta que surge es ¿hasta dónde
llegaremos?

El núcleo de la sociedad es la familia. Por eso, si deseamos hacer
un diagnóstico de los males sociales, el primer paso será determinar
el estado de los hogares. Las comunidades humanas serán tan fun-
cionales o disfuncionales como sus familias. Si visitamos un centro
escolar y realizamos un censo de los estudiantes que provienen de
hogares estables, advertiremos la condición de nuestro mundo. La

---

2. R. Kent Hughes, *Disciplines of Grace* [Disciplinas de la gracia] (Wheaton: Crossway Books, 1993), 16.

gran mayoría de los niños en las escuelas pertenece a familias destruidas, monoparentales o también a núcleos familiares en que, a pesar de haber padre y madre, ambos se hallan ausentes porque no se comprometen en la formación del carácter ni de la espiritualidad de sus hijos.

Cada individuo viene al mundo con un determinado temperamento estampado en sus genes. Este es hereditario y con preferencias emocionales que, en la mayoría de los casos, lo acompañan toda la vida. Sin embargo, el carácter se forma a lo largo de la existencia; no se nace con él. Se configura con la educación, las enseñanzas y el modelo de los progenitores. El desarrollo de un buen carácter dependerá, en gran medida, de aquello que los padres crean, enseñen y modelen.

Si deseamos ver cambios en nuestra sociedad, debemos empezar por «arreglar» el círculo familiar. Y, para ello, es preciso instruir a las familias en la ley de Dios, enseñarles a amar y a obedecer Su Palabra. Alguien con principios anclados en la educación recibida podrá estar más firme sin importar el momento histórico que le haya tocado vivir. Tendrá menos probabilidad de perder el norte porque su fortaleza de carácter le brindará estabilidad emocional. Su formación le ayudará a encarar el éxito o el fracaso. De igual manera, un carácter bíblico resistirá conformarse al relativismo como su estilo de vida. Esto sucede cuando una persona acoge los valores absolutos del Señor y no privilegia el llamado de la razón por encima de la conciencia. Así mismo, acontece al poseer una convicción firme de que la obediencia a Su ley es el camino correcto en nuestra existencia.

En Deuteronomio 6:6-8 Dios le indica a Su pueblo:

> *Y estas palabras que yo te mando hoy, estarán sobre tu corazón;*
> *y diligentemente las enseñarás a tus hijos, y hablarás de ellas*
> *cuando te sientes en tu casa y cuando andes por el camino,*
> *cuando te acuestes y cuando te levantes. Y las atarás como una*
> *señal a tu mano, y serán por insignias entre tus ojos.*

Es decir, siempre. Entonces, el desafío es el siguiente: si anhelamos una sociedad diferente a la actual, Dios y Su ley deben ser el núcleo alrededor del cual graviten nuestras familias. De este modo, los principios de respeto, adoración y obediencia al Señor y a Su ley pasarán de generación en generación.

Aplicación personal

1. Cuando oras, ¿crees que te diriges a Dios con la reverencia que Él merece o lo haces como si hablaras con un igual? Nunca olvides que el Señor es el Rey soberano.

2. ¿Qué piensas sobre la ley natural de la que hablamos más arriba?

3. ¿Tu vida es dirigida por los dictados de tu conciencia, por la Escritura o por el llamado de la razón? Y, ¿cómo interactúan estas tres fuentes de valores?

CAPÍTULO 2

PROMULGACIÓN DE LA LEY

Un gran número de académicos de la Biblia han dividido en dos grupos el decálogo que Dios entregó a Su pueblo como norma de vida. Los cuatro primeros mandamientos están orientados hacia nuestra relación con Dios y forman el primer grupo. En el segundo, se incluyen los seis restantes que indican cómo relacionarnos con los demás.

Al primer grupo algunos lo llaman «la plomada del cristiano». Quienes trabajan en construcción saben que esa herramienta se utiliza para determinar la verticalidad de una pared. Desde este punto de vista, entendemos que todo creyente debe hacer su mejor esfuerzo por cumplir los cuatro primeros mandatos de forma cuidadosa. El cumplimiento de los últimos seis mandamientos y la buena calidad de nuestras relaciones horizontales con los demás dependerá de la coherencia con que obedezcamos estos preceptos referidos a nuestra relación vertical con Dios. Esto significa que, al amar a Dios primero, la consecuencia es que podemos amar también al prójimo. Ese es el cumplimiento de la ley. Cuanto más cimentada y fortalecida esté la relación vertical, mejor será la horizontal. C. S. Lewis señaló: «Cuando aprenda a amar a Dios más que a lo más preciado de mi vida, podré amar lo más preciado de mi vida más de lo que le amo ahora [...]. Cuando las primeras cosas son colocadas en el primer lugar, las cosas segundas no son suprimidas, sino aumentadas».[3] La idea es esta: si una persona ama a sus hijos, mientras más ame a Dios por encima de los hijos, más amará a sus hijos. Cuando una hija ama a Dios con todas sus fuerzas, esa hija amará y honrará más a sus padres. No se puede amar a los padres si no se ama a Dios.

Un intérprete de la ley quiso poner a prueba a Jesús en una ocasión en que los fariseos lo rodeaban y le preguntó: «Maestro, ¿cuál es el gran mandamiento de la ley? y Él le dijo: AMARÁS AL SEÑOR TU DIOS CON TODO TU CORAZÓN, Y CON TODA TU ALMA, Y CON TODA TU MENTE. Este es el grande y el primer mandamiento. Y el segundo es semejante a este: AMARÁS A TU PRÓJIMO COMO A TI MISMO. De estos dos mandamientos dependen toda la ley y los profetas» (Mat. 22:36-40). Con sabiduría, Jesús los redujo a solo dos. El gran mandamiento comprende los cuatro primeros y el segundo abarca los seis restantes. La razón es manifiesta. Si cumplimos estos dos con solicitud, consumamos el decálogo completo.

Algunos opinan que Dios promulgó los Diez Mandamientos motivado por el deseo de ofrecer al pueblo una legislación que los guiara. Otros, en cambio, creen que Él les facilitó normas objetivas que aportaban discernimiento y buen juicio para diferenciar lo bueno de lo malo y lo correcto de lo incorrecto. Aunque ambas posturas contienen verdad, no revelan la intención primaria del corazón de Dios.

En Éxodo 19:5-6 Dios habló al pueblo: «… si en verdad escucháis mi voz y guardáis mi pacto, seréis mi especial tesoro entre todos los pueblos, porque mía es toda la tierra; y vosotros seréis para mí un reino de sacerdotes y una nación santa…». El propósito de Dios estaba bien definido: el amor por Su pueblo. Él tomó la iniciativa de constituir una nación y santificarla para que fuera Su especial tesoro. Y para constituir dicha nación era necesario proveer a sus habitantes un código de normas que permitiera una relación santa con Dios y una organización que garantizara su florecimiento para la gloria del Dador de la ley.

---

3. C. S. Lewis, *Letters of C. S. Lewis* [Cartas de C. S. Lewis] (1960).

En el aspecto social y humano, se entiende que toda ley es efectiva y obligatoria, tanto para los sujetos que están supuestos a obedecerla como para los órganos jurisdiccionales cuyo deber es aplicarla. En consecuencia, debe ser promulgada, difundida y conocida por todos los ciudadanos para que tenga validez.

Parte de la motivación de Dios al promulgar Su ley era que todos la conocieran y estuvieran apercibidos de las consecuencias que sufrirían al violarla. Por encima de esto, como hemos dicho, Él anhelaba formar una nación santa, relacionarse y comunicarse con ella. Dios es santo; por ello, no se relacionaría con un pueblo idólatra. El Señor esperaba que sus elegidos fueran santos y los apartó para sí.

Fecha y lugar de la promulgación

El Libro de Éxodo 19:1, expresa: «Al tercer mes de la salida de los hijos de Israel de la tierra de Egipto, ese mismo día, llegaron al desierto de Sinaí». El tercer mes del calendario judío es el mes de *Siván*, que corresponde a mayo/junio del nuestro. Este versículo precisa la fecha en que el pueblo judío, después de la liberación de Egipto, llegó al desierto. Intentaban arribar a Canaán (la tierra prometida). La distancia entre Egipto y Canaán se aproxima a los 400 kilómetros. Ellos pudieron tardar alrededor de un mes en llegar. Sin embargo, la corta travesía se convirtió en un largo peregrinar de casi 40 años dando vueltas en el desierto. Aquel lugar, que era un simple «paso» de la esclavitud a la libertad, se convirtió para el pueblo en una especie de necrópolis porque allí quedó sepultada toda la generación que salió de Egipto de más de 20 años de edad, con la excepción de Josué y Caleb: «En este desierto caerán vuestros cadáveres, todos vuestros enumerados de todos los contados de veinte años arriba, que han murmurado contra mí» (Núm. 14:29).

La nación judía presenció los grandes milagros realizados por Dios a su favor cuando eran esclavos en Egipto. Vieron el resultado de diez poderosas plagas que Él envió sobre sus opresores con el fin de obligar a faraón a dejarlos ir (Ex. 7:14–12:36). Después de salir, cuando el monarca egipcio se arrepintió de liberarlos y los persiguió, los judíos presenciaron el evento sobrenatural y la muestra de amor más grandiosa: el Señor abrió el mar Rojo en dos y ellos cruzaron de un lado a otro sobre tierra seca. Una vez que todo el pueblo cruzó, observaron el extraordinario poder de Dios que cerró el mar sobre sus perseguidores y con sus carros de guerra perecieron bajo las impetuosas aguas (Ex. 14:21-22). Aun después de contemplar esos y otros grandes milagros a su favor, en lugar de confiar en el Señor y ser agradecidos, se convirtieron en un pueblo ingrato y quejoso. Por su actitud inconforme y desconfiada, Él los hizo peregrinar casi 40 años y no permitió que esa generación entrara a su destino final. El cruce por el desierto tenía propósitos específicos de parte de Dios:

> *Todos los mandamientos que yo os ordeno hoy, tendréis cuidado de ponerlos por obra, a fin de que viváis y os multipliquéis, y entréis y toméis posesión de la tierra que el Señor juró dar a vuestros padres. Y te acordarás de todo el camino por donde el Señor tu Dios te ha traído por el desierto durante estos cuarenta años, para humillarte, probándote, a fin de saber lo que había en tu corazón, si guardarías o no sus mandamientos. Y te humilló, y te dejó tener hambre, y te alimentó con el maná que no conocías, ni tus padres habían conocido, para hacerte entender que el hombre no solo vive de pan, sino que vive de todo lo que procede de la boca del Señor* (Deut. 8:1-3).

Es importante conocer esto porque nos revela los propósitos de Dios para Su pueblo desde el inicio de su peregrinación por el desierto. Israel era Su nación apartada; ahora debía renunciar a las antiguas costumbres paganas y regirse a los mandatos dados por Él. Los israelitas fueron esclavos en Egipto durante 430 años. En ese tiempo adoptaron las costumbres de aquella nación y aprendieron a adorar diferentes dioses. La idea de un Dios creador, único y verdadero, se convirtió en algo del pasado. Después de tantos años de exilio no sabían cómo relacionarse con Él. Entonces, para encontrarse con el Señor, Israel tendría que prepararse. El primer mandato para ellos sería la descontaminación y la santificación. Solo así podrían establecer una relación con el Dios santo y verdadero.

Como el pueblo no supo o no quiso observar los mandamientos de Dios debido a la dureza de sus corazones, Dios diseñó la experiencia del desierto para exponer ante ellos mismos y ante generaciones futuras lo siguiente:

- Su orgullo
- Su rebelión
- Su falta de apetito por la Palabra de Dios

Dios reveló esta verdad al final de la travesía, como ya vimos en Deuteronomio 8:1-3:

> *Todos los mandamientos que yo os ordeno hoy, tendréis cuidado de ponerlos por obra, a fin de que viváis y os multipliquéis, y entréis y toméis posesión de la tierra que el Señor juró dar a vuestros padres. Y te acordarás de todo el camino por donde el Señor tu Dios te ha traído por el desierto durante estos cuarenta años, para humillarte, probándote, a fin de saber lo que había en tu corazón, si guardarías o no sus mandamientos. Y te humilló, y te dejó tener hambre, y te alimentó con el maná que no conocías, ni tus padres habían conocido, para hacerte entender que el hombre no solo vive de pan, sino que vive de todo lo que procede de la boca del Señor.*

Finalmente, en relación al lugar en que esos mandamientos fueron pronunciados, Éxodo 19:2 expresa: «Partieron de Refidim, llegaron al desierto de Sinaí y acamparon en el desierto; allí, delante del monte, acampó Israel». El Sinaí es un conocido monte llamado también monte Horeb o monte de Dios. Se encuentra situado al noreste de Egipto. Es ahí donde Dios se hace presente en el momento de promulgar Su ley.

Dios elige a Moisés como mediador de la ley

Cuando Dios llamó a Moisés, él estaba en medio del desierto y su oficio era apacentar las ovejas de su suegro Jetro (Ex. 3:1). De acuerdo con el relato bíblico, Moisés condujo el rebaño hacia el lado occidental del desierto hasta el monte Horeb. Ahí observó un extraño fenómeno: una zarza que ardía y no se consumía. Y se dijo: «... me acercaré ahora para ver esta maravilla: por qué la zarza no se quema» (Ex. 3:3). Dios vio que Moisés se aproximaba para mirar y lo llamó de en medio de la zarza. Cuando él respondió, el Señor le dijo: «... quítate las sandalias de los pies, porque el lugar donde estás parado es tierra santa» (Ex. 3:5).

Ese debió ser un momento impresionante para Moisés. Él contempló el raro incidente de la zarza que ardía sin consumirse, aun cuando lo natural es que todo lo que se queme se convierta en cenizas. Además, Dios se aparece en medio de este acontecimiento nunca visto, en una atmósfera estremecedora de truenos y relámpagos, un monte que humeaba y temblaba de modo extraordinario y un fuerte sonido de trompetas jamás escuchado. El evento era de tal magnitud que, en el campamento, todo el pueblo se estremecía (Ex. 19:18-19). Este escenario infundía un gran temor y reverencia.

Dios no procuraba impresionar a Moisés ni crear horror en el pueblo. Ese despliegue de poder era la manifestación de Su majestad y Su santidad, una forma en que Dios puso en evidencia cuán diferente es del resto de la creación. Esta fue una manera de enseñar al pueblo a temer a Dios de una forma bíblica. Dios conoce que el pueblo que no teme a Dios tampoco le teme al pecado ni a sus consecuencias.

El tronar del monte contenía también un mensaje claro: Él es santo y nosotros no. Sabe que, desde la transgresión de Adán y Eva (la caída), el ser humano lleva impreso, en sentido espiritual, el gen de la desobediencia. Además, se tornó independiente, autosuficiente y se convirtió en experto en violar la ley. Era importante estampar en la mente del pueblo ese despliegue de poder, gloria y majestad. A lo largo de los años, ha quedado en evidencia que una de las cosas que restringe la naturaleza pecadora del ser humano es el temor reverente a la santidad de Dios.

Hebreos 12:29 afirma: «[P]orque nuestro Dios es fuego consumidor». Por supuesto, existe una gran diferencia entre el fuego que conocemos y el de Dios. El de esta tierra solo consume y destruye. En cambio, el de Dios consume, mientras limpia y restaura.

Reflexión final

Mientras escribíamos este capítulo, recordamos algo que experimentamos en nuestros primeros años de infancia (Viola). Nuestros padres solían enviarnos de vacaciones al campo donde vivían nuestros abuelos maternos. En una pared de aquella casa campesina, había un cuadro al que, en su ignorancia idolátrica, llamaban «El gran poder de Dios». Jamás olvidamos aquella imagen. Tenía a un lado una oreja grande y al otro una balanza. Debajo se divisaban como llamas de fuego y en el centro aparecía un rostro con una larga barba. Destacaba un gran ojo de profunda mirada que parecía examinarlo todo.

Nuestra abuela, con la mejor intención, siempre que hacíamos una travesura digna de corrección, nos decía: «Vayan a pedirle perdón a "El gran poder de Dios"». Nosotros obedecíamos con mucho temor. Por supuesto, Dios comenzó a ser para nosotros algo así como un «anciano que nos acechaba». Cada vez que tropezábamos o nos hacíamos una pequeña cortadura, se la atribuíamos a aquella imagen que nos vigilaba para castigarnos. Gracias a la sabiduría de nuestro padre, conocedor del amor de Dios, pudimos despejar esa imagen equivocada que nos formamos del verdadero Padre bueno y misericordioso. Ahora pensamos: *¿Cuántas personas que conocen la ley de Dios, pero no la han analizado, y tampoco han experimentado Su gracia y Su misericordia, se sienten como nosotros en aquel momento? ¿Cuántos huyen del Señor hoy porque se forjaron una idea equivocada de Él como un fuego que los quiere consumir?*

Dios es bueno y nosotros, sus hijos, somos Su especial tesoro. Promulga Su ley para todos, es cierto, pero exige obediencia a quienes ama. ¿Y por qué lo hace? Porque desea evitarle a sus hijos las funestas consecuencias de la rebelión.

Aplicación personal

1. ¿Concibes al Señor como un Dios de juicio o de misericordia? ¿Cumples Sus mandatos por miedo a las consecuencias o por temor reverente?

2. ¿Cómo cultivamos un temor reverente al Dios verdadero?

3. Dios protegió al pueblo judío en su travesía por el desierto. Ellos presenciaron grandes milagros a su favor y aun así dudaron. ¿Piensas que los cristianos de hoy somos diferentes?

CAPÍTULO 3

UN PUENTE ENTRE DIOS Y EL PUEBLO

Luego de llamar a Moisés, Dios le señaló: «… ve al pueblo y conságralos hoy y mañana, y que laven sus vestidos» (Ex. 19:10). Aquí encontramos dos instrucciones específicas:

- Consagrar al pueblo.
- Lavar sus vestiduras.

Estas instrucciones muestran los requisitos de Dios previo a Su encuentro con el pueblo hebreo. En cierta manera expresan lo siguiente: *Moisés, me encontraré con este pueblo, pero quiero establecer una diferencia entre ellos y yo que pueda ser recordada, una diferencia entre la forma como ellos acostumbran a presentarse ante los dioses paganos y la manera como tendrán comunión conmigo. Después de tantos años en Egipto, no conocen cómo relacionarse con un Dios santo, santo, santo (Isa. 6:3). Instrúyelos para que no vengan con las vestiduras sucias que usaron para trabajar toda la semana. Además, ellos deben saber que los separo para una relación exclusiva conmigo. Tú serás el mediador; servirás como puente entre ellos y yo. Sin embargo, aun cuando vengan contigo, pondremos un límite porque no conocen mi santidad. Les enseñaré algo que ellos ignoran totalmente.*

Así es como Dios instruyó a mantener ciertos límites entre Él y el pueblo:

Y pondrás límites alrededor para el pueblo, y dirás: «Guardaos de subir al monte o tocar su límite; cualquiera que toque el monte, ciertamente morirá. Ninguna mano lo tocará, sino que será apedreado o asaeteado; sea animal o sea hombre, no vivirá». Cuando suene largamente la bocina ellos subirán al monte (Ex. 19:12-13).

Cuando el Señor descendió en medio de truenos, relámpagos y humo, el pueblo tuvo mucho temor; pero la idea de Dios no era llenarlos de pánico, sino enseñarles algo sobre Él y su relación con este Dios para ellos desconocido que terminaría bendiciéndolos. Estas fueron las palabras de Moisés ante la reacción temerosa del pueblo: «Y respondió Moisés al pueblo: No temáis, porque Dios ha venido para poneros a prueba, y para que su temor permanezca en vosotros, y para que no pequéis» (Ex. 20:20). Moisés conocía que si el pueblo no cultivaba un temor reverente por Dios, les perdería el temor al pecado y a sus consecuencias, y eso resultaría en su perjuicio. No olvidemos que el pecado es infracción de la ley (1 Jn. 3:4), pero la ley es un reflejo de Su carácter. De esta manera, el pecado constituye una afrenta contra el carácter de nuestro Dios, quien nos sacó de la esclavitud del pecado.

Toda la preparación anterior constituía una señal. Por ella el pueblo comprendería que el encuentro con este Dios era algo especial, extraordinario y diferente a sus acostumbrados hábitos paganos. Si el Padre se hubiera acercado a ellos en el momento y la condición en que llegaron al desierto, todos habrían sido consumidos por Su santidad. Por ese motivo, Dios usa a Moisés como mediador. En el sitio en que Él entregaría Su ley a Moisés, exigió que se macaran los límites que no podían ser traspasados, aun para los sacerdotes que ministraban. Así habló: «... Desciende, advierte al pueblo, no sea que traspasen los límites para ver al Señor y perezcan muchos de ellos. También que se santifiquen los sacerdotes que se acercan al Señor, no sea que el Señor irrumpa contra ellos» (Ex. 19:21-22). Esto nos lleva a reflexionar sobre la relevancia de la adoración al alto y sublime (6:1) y sobre el Dios cuya santidad es tal que «... ni los cielos son puros ante sus ojos» (Job 15:15).

Lo sagrado de la adoración

Es absurdo que un creyente estime aceptable pecar de lunes a sábado, copiando los patrones de la sociedad no cristiana, para luego ir el domingo al templo, buscar la bendición de Dios que no ha honrado durante la semana e intentar adorar y sentir la presencia de Dios. Todo empeora si cree que el Señor recibe su adoración con beneplácito, ya sea, su alabanza, ofrenda u oración en medio de su desobediencia cotidiana. La devoción no se compone solo de melodías y emociones. Un grupo musical no cristiano cumple con esos requisitos. La adoración que agrada a Dios es un estilo de vida en que día a día tratemos de ofrecerle lo mejor de nuestros pensamientos, de nuestro obrar y de nuestras vidas. De ahí que Dios nos ordenara amarlo con «todo tu corazón, y con toda tu alma, y con toda tu mente, y con toda tu fuerza», como veremos más adelante. En fin, con todo nuestro ser. Dios rechazó la ofrenda de Caín (Gén. 4:3-4) y se agradó con la de Abel. Algunos han señalado que la razón fue que Caín solo le ofreció «algo» de su producción, mientras que Abel le ofreció «lo mejor». Quizás esto solo puso en evidencia la condición del corazón de Caín.

Los límites marcados alrededor del monte Sinaí poseen un gran simbolismo. Le muestran al pueblo que para estar con Dios precisan de una actitud mental y una disposición interna dignas del Dios que pretenden adorar, y los ayudan a mantenerse alejados de las cosas del mundo que los corrompen. Deben saber diferenciar lo ordinario de lo extraordinario y lo santo de lo profano.

El Antiguo Testamento detalla los principios de la adoración. La mayoría de estos no se practican de igual forma hoy. Sin embargo, eso no implica que la esencia de la adoración haya cambiado. Cuando estamos en Su presencia, reverenciamos al mismo Dios. Él no cambia (Sant. 1:17); por tanto, la adoración que le rendimos tampoco debe hacerlo.

Ya no sacrificamos corderos por nuestros pecados en el templo como se hacía en el Antiguo Testamento. Cuando Jesucristo, el Cordero perfecto, vino al mundo y se sacrificó por nosotros, lo hizo una vez y para siempre tal como se especifica en Hebreos 7:27. Tampoco debemos lavar nuestras vestiduras para acudir ante Su presencia como se le exigió al pueblo en aquel momento. Él ya nos purificó y nos revistió con Su santidad. Pero, quien anhele experimentar en realidad la presencia de Dios en su corazón necesitará una preparación espiritual.

Los tres componentes de la ley

Cuando se elabora una ley intervienen tres elementos fundamentales:

- Quien dicta la ley.
- Quien transmite o sirve de mediador para hacer cumplir la ley.
- Quien recibe la ley y a quien se le exige cumplirla.

Es decir: el DADOR DE LA LEY, el MEDIADOR DE LA LEY y el RECEPTOR DE LA LEY. En el caso de los Diez Mandamientos, sería así:

La mediación es un método alternativo para resolver conflictos. Si nos preguntáramos cuáles eran las partes en conflicto, sin duda eran el Señor y el pueblo: el Dios santo quería relacionarse con Su pueblo. Sin embargo, este había abrazado el paganismo y levantado una barrera infranqueable entre ellos y Él.

Todo en el Antiguo Testamento era una preparación que apuntaba a lo que ocurriría con la llegada de Jesús. Así, Moisés como profeta y mediador entre Dios y los seres humanos, reflejaba al Cristo que vendría. Este no solo le hablaría al pueblo de parte de Dios, sino que también se entregaría a sí mismo como el camino de salvación y sería el único y verdadero mediador entre Dios y la humanidad (1 Tim. 2:5). Es evidente que la tarea de Moisés, desde su elección, apuntaba hacia la misión del Cristo.

Estos son los Diez Mandamientos que Dios le entregó a Moisés (Ex. 20:1-17; Deut. 5:6-21)

1. *No tendrás otros dioses delante de mí.*
2. *No te harás ídolo, ni semejanza alguna de lo que está arriba en el cielo, ni abajo en la tierra, ni en las aguas debajo de la tierra.*
3. *No tomarás el nombre del Señor tu Dios en vano, porque el Señor no tendrá por inocente al que tome Su nombre en vano.*
4. *Acuérdate del día de reposo para santificarlo.*
5. *Honra a tu padre y a tu madre, para que tus días sean prolongados en la tierra que el Señor tu Dios te da.*
6. *No matarás.*
7. *No cometerás adulterio.*
8. *No hurtarás.*
9. *No darás falso testimonio contra tu prójimo.*
10. *No codiciarás la casa de tu prójimo; no codiciarás la mujer de tu prójimo, ni su siervo, ni su sierva, ni su buey, ni su asno, ni nada que sea de tu prójimo.*

Estos mandatos aparecen en dos libros diferentes de la Escritura: en Éxodo 20, al inicio de los 40 años de peregrinación por el desierto, y en Deuteronomio 5, en los últimos 30-60 días de ese largo viaje,

cuando estaban frente al río Jordán antes de entrar a la tierra prometida, ya al final de los años pasados en el desierto. Fungen como
portalibros al inicio y al final del viaje. Están al comienzo para enseñar al pueblo sobre las verdades que ya expusimos y para consa-
grarlo. Luego se repiten como un recordatorio de parte de Moisés
a la nación. Una gran cantidad de las personas que entrarían a la
tierra prometida ni siquiera habían nacido cuando la ley fue dada
por primera vez al año de haber salido de Egipto. Además, fue una
forma en que Moisés les recordó que, aunque él no estuviera presente
al entrar a Canaán, ellos debían mantenerse en obediencia a esta ley
si deseaban ser receptores del amor y las bendiciones de Dios.

El gran líder y mediador sabía que no entraría a Canaán. Por tanto,
era su deber entregarle al pueblo las instrucciones de Dios sobre cuál
debía ser su comportamiento luego de asentarse en la tierra. Además,
les reitera que ellos eran una nación elegida por Dios.

Las consecuencias de no representar bien a Dios

A algunas personas les resulta difícil aceptar que el Señor no le permitiera a Moisés entrar a la tierra prometida. Después de liderar al
pueblo durante 40 años y ponerse en la brecha en numerosas ocasiones para que Dios no los consumiera por sus quejas e ingratitudes.
Se considera natural y lógico, desde el punto de vista humano, que
Moisés perdiera la paciencia en algún momento. Nos referimos al
incidente de las aguas de Meriba (Núm. 20:13).

Queremos enfatizar que una de las objeciones principales expuestas
por el pueblo en sus quejas contra Moisés era la falta de agua. Cuando
Moisés y Aarón se presentaron ante el Señor con el problema, Él les
dijo: «Toma la vara y reúne a la congregación, tú y tu hermano Aarón,
y hablad a la peña a la vista de ellos, para que la peña dé su agua.
Así sacarás para ellos agua de la peña, y beban la congregación y sus
animales» (Núm. 20:8). Tres versículos más adelante encontramos

esta actitud en Moisés: «Entonces Moisés levantó su mano y golpeó la peña dos veces con su vara, y brotó agua en abundancia...» (Núm. 20:11). Dios le dijo a Moisés que le hablara a la peña, no que la golpeara. El Señor, que es fiel, no les negó el agua que necesitaban. Sin embargo, las consecuencias no se hicieron esperar: «Y el Señor dijo a Moisés y a Aarón: Porque vosotros no me creísteis a fin de tratarme como santo ante los ojos de los hijos de Israel, por tanto no conduciréis a este pueblo a la tierra que les he dado» (Núm. 20:12). Dios no solo recriminó la incredulidad y la desobediencia de ellos, sino también su actitud irreverente. Esta constituyó un mal ejemplo que podía inducir al pueblo a no reverenciarlo ni tratarlo como Dios santo y soberano. Si perdemos de vista la santidad y la soberanía de Dios, lo desobedecemos y conducimos a los demás a formarse una imagen distorsionada de los atributos cardinales del Dios Creador. En esa coyuntura, Dios decidió dejar un escarmiento para el pueblo con la prohibición de la entrada de Moisés a la tierra prometida. Es duro cuando Dios tiene que disciplinarnos para escarmiento de otros.

El pecado hizo que Adán fuera expulsado del jardín en el que él habitaba y el pecado hizo que Moisés no entrara a la tierra prometida en la que él deseaba habitar.

Reflexión final

La santidad de Dios es una de las cualidades más difíciles de aceptar y entender para el ser humano de hoy, aun para el creyente. El pueblo de Israel la «visualizó», pero no la valoró y, por tanto, al vivir bajo la ley, experimentó múltiples y severas consecuencias por sus pecados. Pero el cristiano de hoy, que vive bajo la gracia y a quien se le ha predicado la salvación como un regalo otorgado a través de la fe, toma esto con mucha ligereza, cuando debiera tomar la historia del pueblo hebrea con mucha sobriedad.

En algunos círculos incluso se afirma que la exigencia de vivir en santidad es legalismo porque nadie en este mundo puede alcanzarla.

Ningún ser humano es perfecto; la propia naturaleza pecadora nos lo impide. Sin embargo, el verdadero cristiano debe obedecer los mandatos del Señor sin importar el ambiente en que se encuentra ni las circunstancias que lo rodean. Hechos 5:29 expresa: «… Debemos obedecer a Dios antes que a los hombres». Además, debe recordar que es un representante de Dios en la tierra. No se me ocurre pensar que algún embajador con la misión de representar a su país no asuma con respeto y compromiso la labor encomendada. Si esto ocurriera, sería destituido de su cargo por no ser digno de esa posición.

Moisés fue elegido mediador, como puente y embajador de Dios ante el pueblo. Después de tantos años de experimentar un contacto directo con el Señor y ser dirigido por Él, en un momento de debilidad, cayó porque se olvidó de a quién representaba. Aquel gigante de Dios demostró tener los pies de barro, al igual que todos nosotros. Y ya advertimos las consecuencias.

Perdemos de vista la santidad de Dios cuando olvidamos que es a Él a quien servimos. En esos momentos, no solo le desobedecemos, sino que también propiciamos que otros se formen una imagen distorsionada del Todopoderoso. El buen representante del Señor vive con transparencia y propicia así que los demás vean su ejemplo y se animen a seguir a su Dios.

Aplicación personal

1. ¿Piensas que, cuando vas al templo, tu vestidura y tu actitud interna son dignas del Dios al que adorarás?

2. Quienes observan tu estilo de vida, ¿podrían considerarlo como una ofrenda al Señor?

3. ¿Desean los incrédulos que te observan seguir al Dios a quien representas?

CAPÍTULO 4

EL ENTENDIMIENTO DE LA LETRA Y EL ESPÍRITU DE LA LEY

Los cinco primeros libros del Antiguo Testamento constituyen el Pentateuco, una palabra formada por los siguientes vocablos griegos: *pénte* que significa «cinco» y *téujos* que significa «rollo o estuche». Era donde los judíos guardaban los rollos sagrados de la ley escrita, la cual reconocían como aquella que Dios entregó a Moisés en el monte Sinaí. El Pentateuco era y es Su ley. Los judíos aceptan su inspiración divina, así como su capacidad de guiarlos en materia de fe y práctica. También es conocida como la Torá.

«Pero cuando vino la plenitud del tiempo...» (Gál. 4:4). Jesús aparece en el escenario y explica que Él es el Mesías esperado, el Hijo de Dios. El pueblo judío lo rechazó por dos razones fundamentales: esperaban un mesías político que los liberara del yugo romano y restaurara el reino de Israel y, además, Sus enseñanzas contradecían todas las distorsiones que el judaísmo había creado para el primer siglo en torno a la ley de Dios. Por otro lado, la idea de que Jesús era el Hijo de Dios encarnado era algo que ellos jamás pudieron aceptar. En Juan 10:33 leemos: «... No te apedreamos por ninguna obra buena, sino por blasfemia; y porque tú, siendo hombre, te haces Dios».

Antes de continuar, es necesario hacer notar que es imposible hablar apropiadamente de la ley de Dios separada del Nuevo Testamento. Toda la ley y, de hecho, todo el Antiguo Testamento tiene que

ser interpretado a la luz del Nuevo Pacto en Cristo Jesús. En primer
lugar, dejemos claro que Jesús no vino a menospreciar la ley de Dios;
más bien, vino a darnos el correcto entendimiento. En el Evangelio
de Mateo 5:17-19, encontramos una porción muy breve del Sermón
del Monte predicado por Jesús:

> *No penséis que he venido para abolir la ley o los profetas; no he
> venido para abolir, sino para cumplir. Porque en verdad os digo
> que hasta que pasen el cielo y la tierra, no se perderá ni la letra
> más pequeña ni una tilde de la ley hasta que toda se cumpla.
> Cualquiera, pues, que anule uno solo de estos mandamientos, aun
> de los más pequeños, y así lo enseñe a otros, será llamado muy
> pequeño en el reino de los cielos; pero cualquiera que los guarde
> y los enseñe, este será llamado grande en el reino de los cielos.*

El texto evidencia que el Señor no pretende entregar una nueva ley
ni reemplazar la antigua. Él procura enseñarles el verdadero significado
moral de la ley de Moisés y del resto del Antiguo Testamento que fue
mal interpretado y aplicado.

Relación entre la antigua y la nueva ley

La nueva ley apoya, sustenta y clarifica todo lo dicho por los patriarcas y los profetas. De esta forma descubre su verdadero significado.
Jesús no llegó para cambiar la antigua ley, sino para cumplirla y
clarificar la verdad de Dios y disipar toda confusión respecto a ella.
Las enseñanzas del Antiguo Testamento al día de hoy no pueden ser
simplemente ignoradas, cambiadas, abolidas o aplicadas ignorando
el Nuevo Testamento como ya aludimos. Es así porque, desde el
punto de vista bíblico, los acontecimientos ocurridos antes de la
venida de Jesús deben verse a la luz de lo que sucedió después.

En el Evangelio de Mateo 5:21-22, cuando Jesús explicaba a Sus discípulos algunas cuestiones sobre el odio, el amor y el perdón, se expresó de
esta manera: «Habéis oído que se dijo a los antepasados: "No matarás"

y: "Cualquiera que cometa homicidio será culpable ante la corte". Pero yo os digo que todo aquel que esté enojado con su hermano será culpable ante la corte; y cualquiera que diga: "Raca" a su hermano, será culpable delante de la corte suprema; y cualquiera que diga: "Idiota", será reo del infierno de fuego». Jesús no contradice la ley. Aunque esta última sentencia luzca un poco exagerada para nosotros, otorga una aplicación más amplia al mandato y expande la intención de la ley. De este modo, se entiende que su significado va más allá de la letra escrita y que existen diferencias entre la letra y el espíritu de la ley.

LA LETRA DE LA LEY es lo que está escrito en ella de modo literal.

El ESPÍRITU DE LA LEY se refiere a la intención espiritual detrás del mandamiento.

El séptimo mandamiento es tal vez un mejor ejemplo. Éxodo 20:14 afirma: «No cometerás adulterio». El que lee este simple mandamiento piensa solamente en el adulterio que se consuma físicamente; sin embargo, la intención del mandamiento va mucho más allá de la letra de la ley, como explicó Cristo: «Pero yo os digo que todo el que mire a una mujer para codiciarla ya cometió adulterio con ella en su corazón» (Mat. 5:28). Ese es el espíritu de la ley.

Dios conoce por completo los sentimientos que se alojan en el corazón del ser humano. Él sabe que, ante una tentación, son numerosas las veces en que no cometemos el acto físico porque la oportunidad no nos favorece, no porque no lo deseemos. En algunas ocasiones no lo hacemos por temor a ser descubiertos o también para proteger nuestra reputación. Pero, si el momento fuera propicio, muchos lo harían. Por esta razón, no se limita a condenar la transgresión física de la ley, sino que también incluye su violación espiritual. Por supuesto que las consecuencias de estos actos no son las mismas, pero Dios condena la acción y también la intención del corazón.

Por otro lado, la infracción de un mandamiento implica la transgresión de otros preceptos que se relacionan entre sí. Por ejemplo, en «no cometerás adulterio», se verbaliza un solo hecho: la prohibición de la infidelidad. Sin embargo, envuelve otros vicios relacionados, como la mentira, el engaño, el egoísmo, la lujuria y otras actitudes concebidas dentro de nosotros. Además, la violación de este mandato revela una persona de corazón licencioso. Alguien así se mantendrá alejado de Dios.

Antes de comenzar a revisar algunas de las actitudes que en nuestro diario vivir representan violaciones a cada mandamiento, vale la pena hacer esta observación. Dios consideró que Israel, al constituirse como nación en la tierra prometida, podría gobernarse con solo este decálogo, si lo hubiese seguido. Sus ciudadanos vivirían en libertad al cumplir esta ley. Los Diez Mandamientos representaban la constitución de la nación. Sin embargo, dada la caída del hombre, solo Cristo pudo cumplir a cabalidad con esta ley. Posteriormente, Dios estableció otras leyes congruentes con las diez primeras para lidiar con los problemas del día a día y para instruir sobre las consecuencias de violar Su ley en cada caso. Eso nos mueve a la reflexión sobre los problemas que enfrentamos hoy como sociedad.

Podemos concluir que el desenfreno, la corrupción, la inmoralidad y el caos político y social en que vivimos, no se produce por falta de leyes. Está relacionado con la dureza, el egoísmo y la desobediencia del corazón humano que es pecador por naturaleza y no quiere cumplir las ordenanzas establecidas. Aún peor es ver personas que llegan a puestos de autoridad y no se preocupan por hacer cumplir la ley. Esto sucede porque actúan movidos por esquemas de pensamiento difíciles de cambiar.

La razón es manifiesta: el ser humano que no está sometido a Dios busca aquello que le produce satisfacción y le otorga fama, dinero y poder. Al ser egocéntrico, se coloca por encima de Dios. Además, adopta el paradigma social que nos hace creer de modo erróneo que valemos no por lo que somos, sino por lo que tenemos. Es desafortunado que hayamos «comprado» esa mentira.

Esto no es nuevo bajo el sol. La muestra más palpable la tenemos en el rey Salomón, un hombre a quien Dios mismo se le apareció, según 1 Reyes 3:5, y le dijo: «… Pide lo que quieras que yo te dé». En ese momento, Salomón solo pidió «… un corazón con entendimiento para juzgar a tu pueblo y para discernir entre el bien y el mal…» (1 Rey. 3:9). Sin embargo, continuamos leyendo la historia de Salomón y nos encontramos con alguien extraviado. Él endureció su corazón, tuvo cientos de mujeres y concubinas, se volvió adicto al poder, a la fama, al dinero y, sobre todo, al oro. Se olvidó de las promesas que hizo al Señor y del amor a su padre David. Ya sabemos las consecuencias que acarreó. Por sus desatinos, Dios le declaró: «… Porque has hecho esto, y no has guardado mi pacto y mis estatutos que te he ordenado, ciertamente arrancaré el reino de ti, y lo daré a tu siervo» (1 Rey. 11:11). Por amor a David, el Señor no le quitó el trono en ese momento. Sin embargo, luego lo arrancó de la mano de su hijo Roboam, y Salomón terminó sus días con la triste conclusión: «Vanidad de vanidades […], todo es vanidad» (Ecl. 12:8).

Si esto ocurrió en aquel tiempo, imaginemos qué sucederá hoy con la abundante publicidad, las libertades que gozamos y los medios de comunicación al alcance de todos. Nuestra naturaleza pecadora tiene un mayor incentivo ahora. Es por eso que la ambición y la competencia se multiplican en todos los niveles. Ante el creciente desenfreno, lo único que puede salvarnos es mantenernos apegados a la Palabra de Dios.

En el Salmo 32:8-9 Dios habló al salmista: «Yo te haré saber y te enseñaré el camino en que debes andar; te aconsejaré con mis ojos puestos en ti. No seas como el caballo o como el mulo, que no tienen entendimiento; cuyos arreos incluyen brida y freno para sujetarlos, porque si no, no se acercan a ti». De modo análogo, Dios nos compara con un mulo o un caballo, y así somos de testarudos. No sabemos discernir ante el pecado porque las cosas espirituales solo se disciernen con el espíritu (1 Cor. 2:14). Sin embargo, nosotros los cristianos queremos favorecer en parte al espíritu y en parte a la carne. Más que esto, anhelamos que Dios nos apruebe en esa condición, con un pie en el mundo y otro en Su reino.

Aquellos que crían caballos saben que para domarlos lo primero que hay que hacer es someter la voluntad del animal. Una vez que eso se logra, el caballo está listo para ser entrenado. Solo cuando ha sido adiestrado, será útil a su dueño. Si deseamos complacer y servir a Dios, debemos poseer una voluntad sometida y una actitud de entrenamiento. Solo de esa forma nuestro corazón podrá ser cambiado. Solo un creyente sometido y transformado puede ser útil a Dios y a Su reino.

Reflexión final

En varias ocasiones hemos sostenido conversaciones con personas que dicen cumplir con los Diez Mandamientos. La respuesta en estos casos ha sido similar y a la vez sorprendente: «Claro. Yo no mato, no robo, no soy adúltera, etc.». Cuando tratas de explicar de qué forma el espíritu de la ley va más allá de la letra, muchos tienden a responder o a pensar: «Ah, bueno, pero si es así nadie va a llegar al cielo». Muchas personas razonan igual. Incluso algunas denominaciones enseñan cosas similares. Sin duda, hay grandes diferencias entre lo que expresa el texto del mandamiento y las implicaciones que posee.

En Jeremías 17:10 el Señor afirma: «Yo, el Señor, escudriño el corazón, pruebo los pensamientos, para dar a cada uno según sus caminos, según el fruto de sus obras». Entonces, si solo consideramos la letra de ley, nos exponemos al juicio de Dios. Es sabio analizar hasta dónde llega el espíritu de cada mandato si deseamos agradar al Señor. Continúa la lectura y veremos esto más adelante.

Aplicación personal

1. ¿De qué maneras has violado el espíritu de cada uno de los Diez Mandamientos dados por Dios?

2. ¿Por qué, según tu opinión, un corazón licencioso se mantiene alejado de Dios?

3. Si Dios te hablara hoy como le habló a Salomón, ¿crees que eso te llevaría a no pecar?

CAPÍTULO 5

DIOS, PRIORIDAD SOBRE TODAS LAS COSAS

Y habló Dios todas estas palabras, diciendo: Yo soy el SEÑOR tu Dios, que te saqué de la tierra de Egipto, de la casa de servidumbre. No tendrás otros dioses delante de mí.

ÉXODO 20:1-3

Primer mandamiento

Desde el inicio, la Biblia enfatiza al Creador antes que a la creación: «En el principio creó Dios los cielos y la tierra» (Gén. 1:1). Así mismo, cuando Él entregó al pueblo Su ley, la Escritura resalta: «Y habló Dios todas estas palabras, diciendo: Yo soy el SEÑOR tu Dios, que te saqué de la tierra de Egipto, de la casa de servidumbre» (Ex. 20:1-2). Es interesante notar que, antes de que Dios procediera a entregar sus Diez Palabras (título en hebreo) o Diez Mandamientos, le recuerda a Su pueblo Su amor y Su fidelidad. Luego cita el primero de sus mandamientos relacionado a Su exclusividad como Dios. La razón es manifiesta: Dios desea que Su pueblo entienda que Él es prioridad sobre todas las cosas. Desde este enfoque, podríamos asegurar que del mandamiento «No tendrás otros dioses delante de mí» depende el resto del decálogo. Antes de adentrarnos a conocerlo en su esencia, veamos el contexto en que se desarrollaban las creencias de los antiguos pueblos paganos cuando el Señor irrumpió con Su ley.

Contexto histórico

La primera expresión de la relación de los pueblos paganos con la deidad estuvo marcada por el **politeísmo**. Esta palabra se deriva del idioma griego y está formada por los siguientes términos: *polús* (mucho o numeroso) *y teísmo* (compuesto por *theós,* que es «dios» en griego, y por *ismo,* sufijo en español que hace referencia a «sistema o doctrina»). Estos pueblos asumieron diversas creencias durante su desarrollo. Tenían la particularidad de concebir a sus dioses de manera humanizada. Para ellos, las deidades experimentaban emociones humanas; incluso eran celosos de sus territorios, su gente y sus posesiones. La adoración era dirigida a múltiples deidades al mismo tiempo. Adoraban al dios de la luna, al dios del sol, al dios del viento, al del mar, al del trueno, al de la lluvia y a un sinfín de dioses a quienes atribuían poderes especiales. Un tiempo de sequía, por ejemplo, significaba que el dios de la lluvia estaba airado y enviaba sequedad como castigo, lo mismo si llovía en exceso y causaba daño a sus cosechas. Así, vivían sometidos al terror de las emociones cambiantes de sus dioses.

Luego, las creencias de estas civilizaciones evolucionaron a una segunda etapa, llamada **henoteísmo**. Ahora creían que existía un dios principal en cada región que era quien controlaba esa área y podía incluso tener jerarquía sobre otros dioses. En Jueces 11:24 leemos las siguientes palabras: «¿No posees tú lo que Quemos, tu dios, te ha dado para poseer? De modo que todo el territorio que el SEÑOR nuestro Dios ha desposeído delante de nosotros, lo poseeremos». Esto nos da una idea de que aún el pueblo hebreo creía en la existencia de otros dioses y posiblemente en dioses territoriales. Más allá, cuando se casaban personas de pueblos diferentes, los dioses (los ídolos hechos a mano) podían importarse de una zona a otra. Si, por ejemplo, una mujer amorrea contraía matrimonio con un moabita, ella traía consigo a su dios, su culto y su creencia. De esa forma, se constituía una alianza entre las deidades de los territorios al que pertenecían los desposados. Sin embargo, nuestro Dios, el Dios creador del cielo y la tierra, siempre ha sido monoteísta.[4]

El Señor hace Su aparición para decirle a Su pueblo que Él es el Dios verdadero, el Dios creador, el Dios del universo entero, el único Dios. Se manifiesta como único y establece Su ley. Él quería sacarlos de la esclavitud física en que habían vivido hasta ese momento y evitar que, al entrar a la tierra de Canaán, se convirtieran en esclavos espirituales por adorar a esos dioses extraños. Además, el Señor tenía otra poderosa razón: deseaba establecer una relación exclusiva con Su pueblo, como ya aludimos.

Los israelitas se desarrollaron como una sociedad monoteísta teocrática desde que Dios se reveló a ellos en el desierto y le entregó a Moisés los Diez Mandamientos. Jehová era el centro de todo; los guiaba, los protegía, los disciplinaba y proveía para sus necesidades. Pero el pueblo de Israel no se quedó en el desierto; su destino final era Canaán, la tierra prometida. Ese territorio estaba ocupado por los cananeos, un pueblo formado por diversas tribus que, como en el resto de las naciones paganas, adoraban a múltiples dioses.

Josué guio al pueblo a dicha tierra prometida. Fue el ayudante de Moisés, subió con él al monte de Dios (Ex. 24:13) y estuvo mucho tiempo a su lado. Por esas razones, estaba bien entrenado en el arte de dirigir y comandar. Como Moisés no entraría a la tierra prometida (Deut. 4:21), el Señor preparó a Josué para liderar al pueblo. Y así le habló: «Mi siervo Moisés ha muerto; ahora pues, levántate, cruza este Jordán, tú y todo este pueblo, a la tierra que yo les doy a los hijos de Israel» (Jos. 1:2). Un poco más adelante, en Josué 1:7, el Señor continúa Su exhortación: «Solamente sé fuerte y muy valiente; cuídate de cumplir toda la ley que Moisés mi siervo te mandó; no te desvíes de ella ni a la derecha ni a la izquierda, para que tengas éxito dondequiera que vayas». Dios hace estas recomendaciones porque entiende que, si el pueblo aparta su vista

4. Ryken, Philip Graham. *Written in Stone: The Ten Commandments and Today's Moral Crisis* [Escrito en piedra: Los Diez Mandamientos y la crisis moral de la actualidad]. (Phillipsburg: P & R Publishing, 2010).

de Él, se unirá con parejas idólatras y, en consecuencia, se paganizará y adorará a dioses extraños. Eso fue lo que ocurrió. Cuando estuvieron asentados en Canaán, comenzaron a unirse en yugo desigual. Así iniciaron un ciclo de pecado: se olvidaban de Dios, adoraban a otros dioses, el Señor los disciplinaba permitiendo que ellos fueran oprimidos por tribus o naciones paganas, ellos se arrepentían, el Señor levantaba un juez que los libertara y volvían a caer en desobediencia, con lo cual se reiniciaba el ciclo. Así se mantuvo el pueblo durante un largo tiempo, en una fase repetitiva de pecado, opresión, arrepentimiento y perdón. Ellos caían y se levantaban una y otra vez. Dios, que es paciente y misericordioso, los perdonaba cada vez que venían a Él arrepentidos (Sal. 86:5).

La práctica de los enlaces con paganos no ha desaparecido en la Iglesia de hoy. Lograr que los creyentes adopten el mandato de no unirse en yugo desigual ha sido un gran desafío. El matrimonio representa la unión de Cristo con Su Iglesia. Así, cuando un creyente y un no creyente se juntan es como si Cristo se uniera a Satanás:

> *No estéis unidos en yugo desigual con los incrédulos, pues ¿qué asociación tienen la justicia y la iniquidad? ¿O qué comunión la luz con las tinieblas? ¿O qué armonía tiene Cristo con Belial? ¿O qué tiene en común un creyente con un incrédulo? ¿O qué acuerdo tiene el templo de Dios con los ídolos? Porque nosotros somos el templo del Dios vivo, como Dios dijo:*
>
> HABITARÉ EN ELLOS, Y ANDARÉ ENTRE ELLOS;
> Y SERÉ SU DIOS, Y ELLOS SERÁN MI PUEBLO.
> *Por tanto,* SALID DE EN MEDIO DE ELLOS Y APARTAOS, *dice el Señor;*
> Y NO TOQUÉIS LO INMUNDO,
> *y yo os recibiré.*
> *Y yo seré para vosotros padre,*
> *y vosotros seréis para mí hijos e hijas,*
> *dice el Señor Todopoderoso* (2 Cor. 6:14-18).

Esta unión es imposible, pues, bajo ninguna circunstancia Cristo puede vincularse con Su adversario. En 1 Juan 5:19, se expresa: «… todo el mundo yace bajo el poder del maligno». El propio Jesús explica que todo el mundo está bajo la influencia de Satanás cuando lo llama «… el príncipe de este mundo…» en Juan 12:31.

Es frecuente que se interprete el mandato de no unirse en yugo desigual de modo exclusivo para las parejas. Es cierto que en ese ámbito es esencial porque en el matrimonio las dos partes se convierten en una sola carne, como afirma Génesis 2:44. Sin embargo, la unión en yugo desigual abarca todas las áreas de nuestra vida. Es común ver cristianos que son socios en los negocios con otros que no lo son. No es lo mismo comerciar o vender los productos de nuestra empresa a un no cristiano que ser socios de negocio. Es distinto ser amigo del vecino que no es creyente y ayudarlo si nos necesita que consentir en asociarnos para situaciones o eventos donde el nombre de Dios es mancillado. De hecho, el contexto del texto citado más arriba no es el matrimonio. Pablo habla extensamente sobre el matrimonio en su primera carta a los corintios, pero no en la segunda, que es donde aparece este texto. Por eso, la idea de no unirnos en yugo desigual trasciende más allá de la unión conyugal.

Por supuesto que podemos relacionarnos con no creyentes. De lo contrario, sería en extremo difícil vivir en este mundo caído. La afinidad con un no creyente puede llegar a convertirse en algo positivo si compartimos de nuestra fe. Es necesario tener siempre presente que nuestro comportamiento ante un no cristiano debe reflejar al Dios en quien creemos. Si no honramos al Señor con la actitud de vida, es preferible no mantener esa relación. Dios conoce perfectamente que el corazón del ser humano es voluble e influenciable, por eso establece el primer mandato «No tendrás otros dioses delante de mí» (Ex. 20:3).

- **La letra de la ley:** prohibir tener otros dioses.

- **El espíritu de la ley:** llamar al pueblo a no doblar sus rodillas ni a inclinar su corazón ante nada ni nadie que reemplace a Dios.

Motivación del mandamiento

Es posible resumir la motivación fundamental de Dios al establecer el primer mandamiento en los siguientes propósitos:

a) Enfocar la adoración de la criatura hacia el Dios creador de manera exclusiva.
b) Evitar que se adorara a Satanás.

Esto último lo decimos porque en el paganismo, cuando las personas creían adorar a sus dioses (Baal, Astoret, Moloc, Quemos y otros), a quien veneraban en realidad, sin saberlo, era a Satanás. Esto es porque en el mundo espiritual hay solo dos reinos: el de las tinieblas y el de la luz.

Las consecuencias de abandonar el primer mandamiento

El escritor y periodista británico, G. K. Chesterton, en una ocasión expresó: «Cuando el hombre deja de adorar a Dios, el problema no es que deja de adorar, sino que llega a adorar a cualquier cosa». Ocurre así porque el Señor creó al ser humano con un sentido de adoración de algo trascendente y ese algo es una persona; es alguien: nuestro Dios. La religión es la respuesta de la humanidad a algo o a alguien que considera superior a sí mismo. De esta manera, quien no adora al Dios creador posee otros objetos de veneración e idolatría.

Decía Kent Hughes, en su libro *Disciplines of Grace: God's Ten Words for a Vital Spiritual Life* [Disciplinas de la gracia: Las diez palabras de Dios para una vida espiritual vital], que el mundo está dividido entre dos grandes grupos de personas: los verdaderos adoradores y los verdaderos idólatras; pero todos, absolutamente todos, adoramos a algo o a alguien.

La pregunta es entonces ¿adoramos al único y verdadero Dios o nos inclinamos ante otros dioses? Solemos creer que no pertenecemos al mundo de las tinieblas porque no nos inclinamos ante dioses extraños. Sin embargo, debemos definir con claridad quién nos cobija. Si no estamos cubiertos por el Dios de la luz, las influencias del reino de la oscuridad que mueven las tendencias del mundo nos arrastrarán con facilidad. Estos dos reinos están en conflicto permanente. Entonces, nos rendimos ante uno o ante el otro.

Verdaderos adoradores

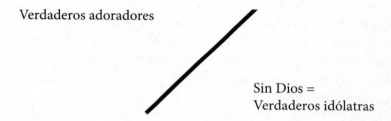

Sin Dios =
Verdaderos idólatras

El problema radica en que «... nuestra lucha no es contra sangre y carne, sino contra principados, contra potestades, contra los poderes de este mundo de tinieblas, contra las huestes espirituales de maldad en las regiones celestiales», tal como expresa Efesios 6:12.

Los principales dioses de hoy son más sofisticados; no se llaman Zeus, Quemos, Moloc ni nada parecido. Se han solapado bajo el disfraz de la fama, el sexo, el dinero, el poder y otros. Las redes de comunicación actuales facilitan la seducción que en numerosas ocasiones se torna sutil e imperceptible. Tan rápido como avanzan los tiempos crecen los desafíos. Debemos ser conscientes de esta realidad: somos de la luz o somos de las tinieblas.

Reflexión final

Como ya dijimos, los dioses de hoy son más sofisticados que los de ayer. Estos han perfeccionado el arte de encubrir su real apariencia. Por eso, en ocasiones no advertimos que los adoramos. Existe gran confusión dentro de la Iglesia y en la vida de numerosos cristianos. Con relativa frecuencia, algunas personas que han realizado su profesión de fe asumen que solo por eso ya alcanzaron la salvación, aun cuando continúan adheridos a las pasiones de la carne. Hoy, como en períodos anteriores, en sitios cristianos predican sobre los «creyentes carnales». Ellos declaran que, en esa posición, nuestra salvación no se perjudica, sino que solo requerimos crecer en lo espiritual. De este modo, entregan una falsa esperanza al pecador porque un cristiano carnal obedece a la carne, no al espíritu. En Gálatas 5:17 leemos: «Porque el deseo de la carne es contra el Espíritu, y el del Espíritu es contra la carne, pues estos se oponen el uno al otro, de manera que no podéis hacer lo que deseáis». El cristiano carnal vive según los patrones del mundo y sus pasiones le impiden cambiar. Para numerosas personas es confortable creer que tienen al Salvador y que este les asegurará un buen final. Sin embargo, Jesús no es un salvavidas. Él manda: «sígueme», y exige entrega total. En Lucas 9:23, Jesús expresó: «… Si alguno quiere venir en pos de mí, niéguese a sí mismo, tome su cruz cada día y sígame». Este es el llamado.

Por otro lado, hemos escuchado enseñanzas sobre cristianos convencidos y cristianos comprometidos. Si no estamos dispuestos a comprometernos con la causa de Cristo, es mejor no creer que somos cristianos. El llamado del Señor, como ya hemos dicho, exige entrega total. Eso no significa que debemos perder nuestra personalidad y que tendremos que apartarnos de todo y de todos. Sin embargo, cuando Dios llama, desea que le entreguemos lo que pensamos, lo que creemos y lo que deseamos, es decir, nuestro ser completo. Si estamos convencidos, pidamos al Señor que oriente nuestro corazón a la necesidad de comprometernos. De ese modo, en el día final no tendremos que escuchar aquellas palabras de Jesús que aparecen en Lucas 13:27: «… Os digo que no sé de dónde sois; APARTAOS DE MÍ, TODOS LOS QUE HACÉIS INIQUIDAD».

Aplicación personal

1. En aquel tiempo, Dios sacó a Su pueblo de la tierra de Egipto en donde vivían como esclavos. De manera similar, todos nosotros tenemos un Egipto. Piensa… ¿cuál es el tuyo?

2. ¿Cuáles son tus objetos de adoración? ¿Tus hijos, tu cónyuge, tu empresa, tu profesión o tu persona? Procura soltar aquello que te ata. No olvides que al final todo se diluye como el agua entre los dedos.

3. ¿Estás asociado en yugo desigual con alguien? Piénsalo. Aún posees tiempo para reflexionar y cambiar. Recuerda: «¿Qué armonía tiene Cristo con Belial?».

CAPÍTULO 6

NADA NI NADIE PUEDE SUSTITUIR A DIOS

No te harás ídolo, ni semejanza alguna de lo que está arriba en el cielo, ni abajo en la tierra, ni en las aguas debajo de la tierra. No los adorarás ni los servirás...

ÉXODO 20:4-5

Segundo mandamiento

Juan Calvino, el conocido teólogo francés, quien fuera uno de los padres de la reforma protestante, dijo: «La mente humana es, por así decirlo, una fábrica perpetua de ídolos». La historia humana se ha encargado de confirmar esta gran verdad. Lamentablemente, la idolatría está muy arraigada en el corazón del ser humano. A pesar de esto, es interesante conocer que, al examinar los documentos arqueológicos más antiguos, estos revelan que las comunidades primitivas tenían la idea de un solo Dios. No es difícil aceptar que esos pueblos fueran monoteístas porque sabemos que Dios, al revelarse a Adán, lo hizo como un Dios único. El ser humano se desvió de ese camino cuando el pecado entró en su corazón. Esta es la manera como Pablo explica el origen de la idolatría en Romanos 1:25: «[P]orque cambiaron la verdad de Dios por la mentira, y adoraron y sirvieron a la criatura en lugar del Creador, quien es bendito por los siglos. Amén». Cuando el hombre abandona la verdad de Dios, la mentira que cree lo conduce a fabricar un ídolo que termina esclavizándolo.

Moisés y el becerro de oro

Para ilustrar la idolatría del hombre, analicemos este evento que ocurrió en el pueblo de Israel cuando aún estaban en el desierto, alrededor del monte Sinaí.

Moisés les comunicó los mandamientos que había escuchado de parte de Dios y todos estuvieron de acuerdo en cumplirlos. Cuando él terminó de hablar, esto fue lo que la nación respondió: «... Haremos todas las palabras que el Señor ha dicho» (Ex. 24:3). Más adelante, en Éxodo 24:18 nos encontramos con esta situación: «Y entró Moisés en medio de la nube, y subió al monte; y estuvo Moisés en el monte cuarenta días y cuarenta noches». La nube representaba la presencia de Dios. Es indudable que Moisés fue parte de un evento sobrenatural porque ningún ser humano pasa un tiempo tan prolongado sin ingerir agua y alimento, y aun así conserva su vida. Además de este, solo tenemos dos ayunos de 40 días registrados en la Biblia: el realizado por Elías (1 Rey. 19) y el que realizó Jesús antes de iniciar Su ministerio (Mat. 4:1-2). Ambos fueron empoderados sobrenaturalmente para llevar a cabo esta misión.

Los 40 días que Moisés estuvo en la presencia de Dios fueron tan extraordinarios que al bajar del monte su rostro resplandecía y el pueblo le pidió que se cubriera la cara con un velo porque temían acercársele. La Escritura lo narra en Éxodo 34:30.

Veamos cuán fácil sale a relucir la idolatría del corazón humano. ¿Cuánto duró la fidelidad del pueblo al compromiso realizado en Éxodo 24:3 que citamos anteriormente? Éxodo 32:1 señala: «Cuando el pueblo vio que Moisés tardaba en bajar del monte, la gente se congregó alrededor de Aarón, y le dijeron: Levántate, haznos un Dios que vaya delante de nosotros; en cuanto a este Moisés, el hombre que nos sacó de la tierra de Egipto, no sabemos qué le haya acontecido». La criatura pide a otra criatura que le haga un Dios... Así de irracional es la mente caída.

Aarón era hermano de Moisés. Al igual que él, había estado en la presencia de Dios (Ex. 24:9-11). Era de esperar que se negara a la solicitud del pueblo. Debió confiar y aguardar a que Moisés bajara del monte con las órdenes del Señor. Sin embargo, no ocurrió así, sino que cedió ante la presión de la gente. Veamos lo que narra el texto bíblico a continuación: «Y Aarón les dijo: Quitad los pendientes de oro de las orejas de vuestras mujeres, de vuestros hijos y de vuestras hijas, y traédmelos» (Ex. 32:2). Y luego: «Entonces todo el pueblo se quitó los pendientes de oro que tenían en las orejas y los llevaron a Aarón. Y él los tomó de sus manos y le dio forma con buril, e hizo de ellos un becerro de fundición. Y ellos dijeron: Este es tu Dios, Israel, que te ha sacado de la tierra de Egipto. Cuando Aarón vio esto, edificó un altar delante del becerro. Y Aarón hizo una proclama, diciendo: Mañana será fiesta para el SEÑOR. Y al día siguiente se levantaron temprano y ofrecieron holocaustos y trajeron ofrendas de paz; y el pueblo se sentó a comer y a beber, y se levantó a regocijarse. Entonces el SEÑOR habló a Moisés: Desciende pronto, porque tu pueblo, que sacaste de la tierra de Egipto, se ha corrompido. Bien pronto se han desviado del camino que yo les mandé. Se han hecho un becerro de fundición y lo han adorado, le han ofrecido sacrificios y han dicho: "Este es tu dios, Israel, que te ha sacado de la tierra de Egipto"» (Ex. 32:3-8).

Lo peor de todo esto fue que Aarón declaró que la fiesta sería para el Señor (v. 5). Esto produjo en la mente del pueblo una enorme confusión, un sincretismo que los indujo a creer que un becerro de metal podía igualarse a Dios y representarlo. Luego Aarón hizo otra declaración sin sentido, tratando de justificarse, al ser cuestionado por Moisés sobre lo que había hecho. Esta fue su respuesta: «Y yo les dije: "El que tenga oro, que se lo quite". Y me lo dieron, y lo eché al fuego y salió este becerro» (Ex. 32:24). El pueblo hebreo salió de Egipto, pero Egipto parece no haber salido nunca de dentro de ellos.

Este evento nos refuerza la idea de que el ser humano es idólatra por naturaleza. Al sentirse desamparado, busca respuestas y seguridad en algo o en alguien a quien suponga con más conocimiento, autoridad y control de aquellas cosas que él ignora. Por esta razón, el

ser humano que no adora al único y verdadero Dios venera a otros
ídolos. Crea falsas deidades que ocupan el lugar del Creador en su
vida y, con frecuencia, llega a confiar más en ellos que en el Señor.
Otro ejemplo palpable es el caso de la serpiente de bronce. En
Números 21:8 Dios le ordenó a Moisés que construyera en bronce
un modelo de una serpiente venenosa y que la colocara sobre un
asta: «... Hazte una serpiente abrasadora y ponla sobre un asta; y
acontecerá que cuando todo el que sea mordido la mire, vivirá». Nos
resulta extraño que sea Dios quien ordene confeccionar ese símbolo
de adoración, pero había una razón especial. Durante la travesía por
el desierto hubo un momento en que el pueblo se quejaba contra
Dios y contra Moisés. Entonces, Él mandó una plaga de serpientes venenosas. Todo el que era mordido por ellas moría. Cuando el
Señor decide acabar con esta plaga, ordena a Moisés que levante esa
serpiente como un símbolo de salvación. Por supuesto, todo aquel
que levantaba sus ojos hacia ella vivía como Dios había prometido.
Es indudable que la serpiente era un modelo que representaba lo
que sucedería con el Mesías al ser levantado en la cruz. Aquellos que
depositan su confianza absoluta en Cristo Jesús también son sanados
espiritualmente (salvados). Así es como Jesús lo expresó: «Y como
Moisés levantó la serpiente en el desierto, así es necesario que sea
levantado el Hijo del Hombre, para que todo aquel que cree, tenga
en Él vida eterna» (Juan 3:14-15).

La serpiente era el tipo y Jesús el antitipo que sería levantado en
una cruz para sanar a todo aquel que, al estar envenenado por la
mordida del pecado, levantara los ojos hacia Él, lo mirara crucificado
y confiara en Su obra redentora. Así se anularía el efecto de la nociva
mordedura. «Un tipo es una persona, un hecho o un símbolo que
aparece en el Antiguo Testamento y que tiene su correspondencia
en el Nuevo. Romanos 5:14 establece que Adán fue figura (*tipos* en
griego) del que había de venir. En este caso, Cristo sería su antitipo».[5]

---

5. Miguel Núñez, *Jesús, el hombre que desafió el mundo y confronta tu vida* (Nashville: B & H, 2018), 99-100.

Pero, veamos qué hizo el pueblo con la serpiente. Ellos la convirtieron en un ídolo y hasta le pusieron nombre; la llamaron Nehustán. Y entonces, en lugar de quemar incienso para Dios como era la costumbre hasta ese momento, comenzaron a dedicar el incienso a la serpiente (2 Rey. 18:4).

Así como actuó este pueblo, que se postró ante un becerro de oro y ante una serpiente de bronce, actuamos nosotros hoy. Ahora no nos postramos ante becerros y serpientes de metal, pero nos fabricamos otros ídolos que sustituyen la adoración a Dios y violamos de esa forma el segundo mandamiento. El ser humano no debe olvidar que el Señor es el Creador y él la criatura. Carece de sentido que la criatura fabrique algo, se postre ante la obra de sus manos y le atribuya poderes sobrenaturales. Desde todos los puntos de vista, eso es idolatría. Este término viene del griego *eidolatréia* que está compuesto por *eídolon* (imagen, ídolo) y *latreúo* (rendir homenaje, culto, servicio). Al unirse, significan adoración a imagen o ídolo. Alguien con estas prácticas es considerado un idólatra, uno de los pecados más aborrecidos por Dios. En Gálatas 5:20 se menciona la idolatría entre las obras de la carne. El idólatra reduce la imagen y la gloria de Dios cuando trata de representarla en una estatua hecha con sus manos.

En el ámbito cristiano, se suele interpretar la adoración a un ídolo como el acto de postrarse ante esas imágenes y colocar la fe en ellas. Lo cierto es que, aunque aseguramos creer y adorar solo al Dios verdadero, estamos rodeados de personas y cosas que no identificamos como ídolos, pero que en realidad lo son para nosotros. Se convierten en dioses falsos cuando nos aferramos a ellos y no controlamos la atracción que ejercen sobre nosotros.

- **La letra de la ley**: «No te harás ídolo, ni semejanza alguna…».

- **El espíritu de la ley**: evitar la reducción de la imagen de Dios y la adoración a otras cosas que ocupen el lugar de Dios en nuestro corazón.

Algunos ídolos de ayer y hoy

Los seres humanos hoy (aun los cristianos) tenemos ídolos que no poseían nuestros antepasados. Estos ejercen un gran poder y ocupan el lugar de Dios en nuestra vida. Algunos ídolos nunca parecen desaparecer. Han estado presente desde la antigüedad pasada.

El dinero, el sexo y el poder

El dinero

El célebre escritor español, Francisco de Quevedo, expresa en uno de sus poemas: «Poderoso caballero es don dinero; hace todo lo que quiero…». El ser humano de hoy parece sentirse de la misma manera. Presume que al tener dinero obtiene todo lo demás. Esta idea ha adquirido tal fuerza que, desde algunos púlpitos, se predica que todos debemos ser ricos y prósperos. Se enseña que, si Dios es el dueño de las riquezas y nosotros somos sus hijos, lo único que debemos hacer es reclamar la parte del patrimonio que nos corresponde. Esto es algo insólito: la criatura le reclama al Creador. Conceptos como estos provocan un gran daño a la Iglesia. ¿Qué expresa el apóstol Pablo en la primera carta enviada a su discípulo Timoteo? Él afirma que «… la raíz de todos los males es el amor al dinero…» (1 Tim. 6:10).

Notemos que la raíz de los males no es el dinero en sí mismo. Cuando una persona rica usa sus recursos de modo equilibrado y con fines nobles según la mayordomía bíblica, esa riqueza es aprobada por Dios y multiplicada en gran manera. Tenemos como ejemplo a grandes hombres de la Biblia: Abraham, Job, Salomón y otros. Sin embargo, cuando la persona no se sirve del dinero, sino que sirve a este, las circunstancias cambian. Esto acontece porque, aunque Dios nos ha confiado la riqueza, Él no quiere que pongamos nuestra esperanza en ella. Aun el cristiano más ferviente puede incurrir en la devoción al dinero sin darse cuenta. En la sociedad de hoy se mide el éxito por las posesiones y la autoridad alcanzada, y numerosos creyentes pueden caer en esa trampa si no se cuidan.

Si fuiste bendecido con riquezas, disfrútalas, pero conforme a los propósitos de Dios. Ten presente que Él es el propietario; tú eres solo un mayordomo que administra Sus bienes. Pero, si vives con limitaciones, ten paz y confía en que nunca te faltará lo esencial. Si así lo haces, siempre contarás con más de lo necesario porque la fidelidad Dios nunca falla. No vivas con el anhelo de tener lo que otro posee. No te dejes arrastrar por la nueva corriente de que solo debemos reclamar lo que Dios nos tiene guardado. Una actitud así hará que pierdas el foco y te impulsará a depositar la fe y el esfuerzo en lo que ansías y no en Dios. Procura gozar de una buena relación con el Señor y todo lo demás vendrá por añadidura. Estamos seguros de que, si hiciéramos una encuesta, la mayoría de las personas no reconocería que son idólatras. Es preciso enfati-zar que la forma como una persona concibe al Señor es de máxima importancia. Y es así porque, en esta vida, con frecuencia llegamos a ser como el dios a quien adoramos. Se impone, por tanto, la necesi-dad de poseer una idea correcta del Dios creador para no desviarnos. Cuando enfocamos la mente, los esfuerzos, el interés y el corazón solo hacia la prosperidad, llega un momento en que producir dinero se convierte en el único objetivo y lo buscamos a como dé lugar. Hacemos de las riquezas nuestro Dios y eso nos convierte en avaros que acumulan y no son capaces de compartir nada con nadie. Si nos acostumbramos, por ejemplo, a comprar todo lo que ponen a la venta, ya sea «en oferta» o al «dos por uno», con facilidad nos conver-tiremos en compradores compulsivos, gastaremos el dinero de modo indebido o nos haremos esclavos del conocido «tarjetazo». Si la moda se convierte en algo esencial para nosotros, no tendremos el tiempo para reflexionar en nada más que en el último detalle del momento.

El sexo

Cuando el ser humano se deja dominar por el apetito sexual, termina por convertirse en una persona lujuriosa. Lo que sucede es que, aun-que no quiera aceptarlo, las pasiones llegan a controlar su vida. En su mente, el sexo excesivo y desviado se convierte en algo de lo cual no puede prescindir.

En la actualidad, con la proliferación de las redes sociales, la lujuria ha alcanzado niveles inimaginables. Es lamentable que esta realidad tenga lugar no solo en hombres y en mujeres, sino también en niños. Las escenas eróticas más impúdicas están a tan solo un clic en la computadora o a una mirada en la tableta o el celular. Se ha desnaturalizado y corrompido un acto tan hermoso diseñado por Dios para disfrutarse en la intimidad del lecho matrimonial. Precisamos saber discernir entre lo apropiado y lo inapropiado, así como separar lo real de lo fantástico. Esos actos lascivos exacerbados y tan fuera de lo normal que se presentan en la televisión y en las redes casi siempre son actuaciones, no realidades. Los efectúan actores, muchos de ellos calificados como actores porno, a quienes les pagan por representar un papel. No son esposos ni se aman. Por tanto, no disfrutan del placer que Dios diseñó para la pareja. Ellos solo aparentan. Si tratas de imitarlos puedes caer en las mismas desviaciones de la realidad que ellos representan.

En los salones de consejería es común escuchar a personas que comenzaron a mirar pornografía como una diversión o con la intención de elevar su libido. Estos han batallado con firmeza contra este hábito porque se ha convertido en una adicción tenaz que llega a impedirles tener sexo con su pareja sin ese preámbulo.

El poder

El poder en las manos del ser humano ha provocado grandes males a lo largo de la historia. Un caso emblemático de esta realidad es el rey Salomón. Él tuvo el privilegio de escuchar la voz de Dios (2 Crón. 1:11-12) y debió sentir esa experiencia como algo extraordinario. Sin embargo, terminó corrompido en todos los sentidos y su reino se dividió.

Son escasas las personas que logran estar en una posición de autoridad sin colocarla por encima de Dios. Es común que el uso del poder lleve al abuso, y este, a su vez, conduzca a la pérdida del poder, tal como le sucedió a Salomón.

Alguien dijo en una ocasión que «el poder no corrompe, sino que desenmascara». Y creemos, por cierto, que una posición de autoridad solo manifiesta lo que hay en el corazón del ser humano. En Proverbios 23:7 encontramos una sentencia realmente acertada: «… como piensa dentro de sí, así es…». A un ser humano con corazón pecaminoso que se encuentra con poder en sus manos, le resulta en extremo difícil controlar sus pasiones. Esto sucede porque la impresión de grandeza lo domina y con frecuencia ese es el primer escalón para llevarlo al fracaso. Sin embargo, en contraposición a esto, quien sirve al Señor no se corrompe y, por extraordinaria que sea la tentación que se le presenta, elige rechazarla antes que servir al pecado.

Otros ídolos menos obvios que también desplazan nuestra confianza

Los sistemas de seguros

No queremos ser mal interpretados en este sentido. Tener un buen seguro de vida no tiene nada de pecaminoso en sí mismo. El problema está en que, con frecuencia, no encomendamos nuestra seguridad en las manos de Dios, sino en el seguro que hemos firmado, aun cuando el seguro solo me ofrece una seguridad relativa y únicamente financiera. Pero no asegura la vida. Hay momentos en que el mejor seguro de vida no puede resolver una situación financiera difícil o un problema grave de salud.

La tecnología

Cuando el uso de tecnologías como la computadora, el televisor, el celular, la tableta o cualquier otro dispositivo electrónico se convierte en un hábito que interfiere con el tiempo que le damos a Dios, entonces esas cosas se transforman en ídolos. O cuando nos volvemos dependientes de ellas de forma enfermiza. Por otro lado, si bien es cierto que a través de la tecnología el ser humano se mantiene conectado con el mundo, también es real que frecuentemente permanece desconectado de todos a su alrededor. ¿Qué valor hay en comunicarse con personas en diferentes continentes si ni siquiera conocemos a nuestros vecinos ni compartimos con quienes convivimos? Se ha llegado a tal extremo que vemos familias que viven en una misma casa de dos niveles y prefieren comunicarse por medio del celular en lugar de tomarse la molestia de subir o bajar para reunirse a conversar. De esta forma, se pierde el valor de aquellos elementos en la interacción que nos comunicaban un mensaje, tales como la expresión del rostro, la sonrisa, el fruncimiento del ceño, el sonido de la voz y la expresión corporal, entre otras.

El apetito desmedido

En la actualidad, es notorio que los restaurantes y los lugares de comida rápida son algunos de los sitios donde más gente se congrega. Cuanto más exquisito sea el sitio, mayor fama adquiere, y se escucha decir que «los mejores negocios se realizan en la mesa de un restaurante». Sin embargo, en contraposición a esto, Pablo escribe en Romanos 16:18: «Porque los tales son esclavos, no de Cristo nuestro Señor, sino de sus propios apetitos…». El contexto de Romanos 16 no es la comida, sino los apetitos en general, típicos de la carne, pero nos ayuda a ver lo que es el deseo desenfrenado. Esto no significa que pecas si visitas esos lugares, pero, si se convierte en una adicción, en poco tiempo serás esclavo de los propios apetitos, tal como afirma Pablo.

El amor y el cuidado excesivo del cuerpo

Nos atrevemos a asegurar que algunos de los «templos» más visitados en la actualidad son los gimnasios. Como aclaración: asistir a uno no es pecado. Sin embargo, cuando se hace tan solo por el orgullo de lucir un cuerpo hermoso y llamativo, se exagera el tiempo que se le dedica y no apartamos un espacio para Dios, sí lo es. Y ¿qué decir de las clínicas de cirugía estética? Hay personas que se someten a increíbles «arreglos» con el propósito de, según ellos, «componerse» o cambiarse algo que no les gusta de su cuerpo. Esto sucede con el propósito de llamar la atención y adoptar la última tendencia de la moda. ¿De qué le vale a un ser humano mostrar al mundo una hermosa imagen física si su alma está lejos de Dios? Al final, ese rostro y ese cuerpo que han sido meticulosamente trabajados y mejorados serán enterrados y destruidos. ¿Qué queda de todo ese esfuerzo?

Debemos recordar que en el cuerpo de cada ser humano está impresa la imagen de Dios, aunque manchada por el pecado, y se conserva hasta el día de la muerte. Es por eso que debe ser tratado como algo digno y sagrado. En 2 Corintios 5:1 leemos que nuestro cuerpo es como una tienda de campaña terrenal en la que vive nuestro espíritu. Por tanto, debe ser respetado.

El culto a la mente

El culto a la mente se ha convertido en un deseo desenfrenado de esta generación. Todo profesional, después de terminar su carrera universitaria, aspira a una maestría, a un doctorado y a todo estudio de superación que salga al mercado. Nada de eso está mal. El problema radica en que no siempre buscan estar bien instruidos y capacitados para ser útiles a la sociedad, sino para competir y colocarse por encima de los demás. Es más una cuestión de poder y dominio del mercado laboral de acuerdo a las nuevas tendencias o a las fórmulas novedosas de la intelectualidad. Por supuesto que Dios no se complace en esas actitudes.

El culto al yo

Cuando el ser humano centra el desarrollo personal solo en el yo, se convierte en alguien egocéntrico. «Yo soy yo y mis circunstancias», decía José Ortega y Gasset. El hombre llega a ser su propio ídolo. No precisa de nadie ni se sacrifica por nadie porque se ama demasiado a sí mismo. Tampoco comparte sus cosas, en ocasiones ni siquiera con su propia familia. En consecuencia, si no requiere de aquellos con quienes habita y no colabora con ellos, menos necesitará de Dios, a quien en su egoísmo probablemente ni siquiera se ha interesado en conocer. Se convierte en un narcisista.

La rendición ante personas que ofrecen una supuesta seguridad

Muchas personas suelen poner su confianza en otro ser humano. En ocasiones son jefes, pastores, líderes políticos o individuos de renombre social que están en alguna posición de autoridad. Les rinden pleitesía y la consecuencia es que tarde o temprano son defraudadas porque esas personas resultan ser tan vulnerables como el resto de los seres humanos. No hay nada más frustrante que el desengaño que sentimos cuando alguien en quien hemos depositado nuestra esperanza nos decepciona. Dios es el único que nunca falla, no miente ni se arrepiente (Núm. 23:19).

El amor o cuidado excesivo a los hijos

Algunos padres aman y consienten tanto a sus hijos que terminan por convertirlos en incorregibles e intocables. Les dan todo cuanto quieren; procuran que se mantengan a la altura de los demás en su grupo social con el pretexto de que no se frustren. Otros lo hacen bajo la consigna de «le daré lo que yo no tuve». Como resultado, se obtienen hijos que no aprenden a valorar lo que tienen y que, por tanto, nunca se sienten satisfechos con lo que logran. Esos padres no toman en cuenta el daño que les hacen. Los modelos de nuestros antepasados dieron buenos resultados. Ellos creían que los privilegios había que ganárselos. Es desafortunado que hoy esos patrones hayan desaparecido del sistema de educación de multitud de padres.

Algunas causas que nos llevan a violar el segundo mandamiento

Inseguridad

Esta es una de las primeras causas que nos llevan a violar el segundo mandamiento. Como ya mencionamos, cuando el ser humano experimenta inseguridad o desamparo, tiende a buscar alguna persona o cosa que le proporcione seguridad. Ocurre de igual manera si no poseemos una relación con Dios y nos encontramos ante una disyuntiva. Y también, al enfrentar difíciles decisiones para las que no sentimos que estemos capacitados. Entonces, la inseguridad nos impulsa a buscar en qué apoyarnos. En el pueblo de Israel observamos un mejor ejemplo. Apenas 40 días sin un líder que los dirigiera, la nación se sintió indefensa e insegura, y puso su fe en un becerro de oro. La incertidumbre es una de las razones por las que numerosas personas usan talismanes, amuletos, medallas, azabaches y resguardos. Ellos oran a imágenes y a santos de madera o yeso que confeccionaron con sus propias manos; ponen su fe en «eso», en la búsqueda de valor y protección.

Poner nuestra fe en los ídolos y creer que tienen poderes especiales es superstición. Esta es una creencia que no posee fundamento racional y, quienes la practican, atribuyen carácter mágico o sobrenatural a determinados objetos o sucesos porque creen que de eso depende su buena o mala suerte. Dios considera la superstición como pecado de idolatría.

Incapacidad de ver a Dios detrás de cada evento

Puede decirse que esta segunda causa se desprende de la primera. El ser humano prefiere ver para creer. Así lo demostró Tomás, el discípulo de Jesús. Él anduvo con el Señor, recibió sus enseñanzas, presenció sus milagros y lo escuchó decir que sería crucificado y que al tercer día resucitaría. A pesar de todo eso, ante el anuncio de la resurrección, Tomás no creyó. Fue necesario que Jesús se le apareciera y lo invitara a poner los dedos dentro de Sus llagas para que este discípulo creyera (Juan 20:25). Así de incrédulos somos los seres humanos.

El problema radica en que como Dios no es palpable y no lo podemos ver físicamente, nos cuesta confiar en Él. Nos resulta difícil aceptar que sea Él quien orqueste todos los acontecimientos de la historia. Una de las razones por la cual las personas buscan siempre los milagros y los disfrutan tanto es porque en ellos advierten la fuerza y el poder de un ser superior que controla la vida y los elementos de la naturaleza. Eso les resulta fascinante.

La comodidad de tener un dios que diga lo que nos gusta oír

A la gran mayoría de personas no les gusta que les digan la verdad, sobre todo si va en contra de sus intereses, porque la verdad duele. Existe un mayor interés por escuchar aquello que nos hace sentir bien con nosotros mismos, aun si esto no es más que una mera ilusión o puras mentiras. Entonces, como el Dios de la Biblia es un Dios de verdad, prefieren buscarse otros dioses que se acomoden a su situación.

Encontramos una prueba visible en el Libro de Isaías cuando el profeta reprende al pueblo de Israel por su hipocresía hacia Dios. En ese momento, la nación le expuso al profeta que no desea escuchar lo que es recto porque prefiere vivir de ilusiones. Y así lo expresaron: «… No nos profeticéis lo que es recto, decidnos palabras agradables, profetizad ilusiones» (Isa. 30:10). Y es que lamentablemente así somos: elegimos vivir fantasías, nos interesa más que nos prediquen lo que deseamos oír, aun si la enseñanza va contra el mandato de Dios. De ese modo nos sentimos mejor. Así sentimos menos el peso de nuestro pecado cuando lo cometemos.

La dificultad de cambiar los hábitos

Para la mayoría de las personas, los cambios son frustrantes porque viven aferrados al pasado o a aquello que consideran seguro. Prefieren mantenerse en la rutina de lo conocido por temor a arriesgarse a la variación. Eligen quedarse donde están, aun si el cambio les ofrece beneficios. Esto sucede con mayor potencia si se requiere de algún esfuerzo o sacrificio para que ocurra la transformación. Moisés pudo sacar al pueblo de Egipto, pero no logró sacar a Egipto del corazón de la nación judía.

Reflexión final

Reforzamos la idea ya analizada que considera al ser humano como una fábrica de ídolos cuando miramos al pasado, a la época en que llegó la colonización europea a los países de América Latina. Estas naciones que estaban habitadas por tribus indígenas ya tenían sus propios dioses a quienes les rendían culto. Al arribar, los colonizadores trajeron consigo la religión de Roma que predominaba en aquel continente y también estaba llena de sus propios ídolos representados por estatuas y santos canonizados por el hombre. Luego, trajeron personas del continente africano y así aumentaron las prácticas del animismo y del vudú. El resultado fue un profundo sincretismo religioso consecuencia de la unión de estos grupos culturales.

Como fruto del sincretismo, la fragilidad humana y el pecado, hoy existen multitudes de personas que practican el espiritismo, la brujería, la adivinación, la astrología y un sinnúmero de actividades parecidas. Estas creencias cobran vida en los centros poblacionales más humildes y en los grupos sociales más encumbrados. Todos buscan que les predigan su futuro o que les traigan buena suerte.

De la astrología y la adivinación se derivan el horóscopo, la lectura de manos, la lectura de cartas, la numerología y otras falsas creencias que se practican en la actualidad. Levítico 20:27 afirma: «Si hay médium o espiritista entre ellos, hombre o mujer, ciertamente han de morir...». Este pasaje es una muestra de lo mucho que Dios rechaza esas costumbres. Las aborrece y las prohíbe porque llevan al ser humano a poner su fe en ellas y eventualmente causan su condenación.

Uno de los mayores problemas con el vudú y el animismo, sobre todo el vudú, es que un gran número de sus prácticas se enseñan a la sociedad como folclore. Esto resulta en extremo atractivo para la población porque los festejos que realizan están rodeados de música, bailes, colores y, en ocasiones, hasta de efectos especiales. La iglesia de Roma acepta estas costumbres como buenas y válidas porque las consideran solo como manifestaciones culturales. Quienes incurren en ellas corren el riesgo de ingresar al reino de las tinieblas sin percatarse. Aunque Dios está presente en todas las expresiones culturales del ser humano, no en todas ellas está Su gracia. Necesitamos saber diferenciar lo sagrado de lo profano.

Aplicación personal

1. Después de leer este capítulo, trata de reconocer tus ídolos. Todos los tenemos. ¿Acaso no los tienes tú?

2. ¿Te ha ocurrido alguna vez como al pueblo de Israel cuando se cansó de esperar a Moisés? ¿Cuántas veces, mientras esperas la respuesta de Dios sobre algo que has pedido, has decidido hacerlo a tu manera? Trata de recordar. Al final, ¿cuál fue el resultado?

3. Haz una introspección y analiza las causas citadas que nos llevan a violar el segundo mandamiento. ¿Cuál de ellas identificas en tu vida?

CAPÍTULO 7

EL SANTO Y GLORIOSO NOMBRE DE DIOS

No tomarás el nombre del SEÑOR tu Dios en vano, porque el
SEÑOR no tendrá por inocente al que tome su nombre en vano.

ÉXODO. 20:7

Tercer mandamiento

Uno de los mandatos practicado con mayor superficialidad por el cristiano de hoy es el de no tomar el nombre de Dios en vano. Esto se debe, por lo general, a que nos limitamos a pensar que esta ley solo prohíbe los juramentos y maldecir a alguien en el nombre de Dios. Sin embargo, cuando analizamos el contexto en el que el Señor lo dictaminó, comprendemos el gran peso que tenía, y que aún posee, el nombre del Señor en la actualidad.

Al analizar el contexto de entrega de este mandato, encontramos que en la cultura hebrea el nombre de una persona representaba el carácter de quien lo poseyera. Así lo entendió el pueblo siempre. Por ello, en la mayoría de las ocasiones, para nombrar a sus hijos, los padres consideraban lo que anhelaban para su futuro, lo que soñaban que llegarían a ser o se relacionaban a la función que ellos deseaban que sus hijos realizaran en el futuro. Y así daban nombres a sus hijos que expresaran sus deseos para con ellos.

El nombre de Abraham equivale a «gran padre» o «padre de multitud». En Génesis 17:4 Dios estableció un pacto con él y reveló que lo haría padre de muchas naciones. Así mismo, Jesús significa «salvador» y alude a la función para la cual Él nació (Mat. 1:21). De manera similar, los nombres hebreos siempre tenían un significado especial.

El nombre podía ser, además, un recordatorio de algún hecho importante ocurrido alrededor de la persona, tal como sucedió con Moisés, que significa «salvado de las aguas». Es bien conocida la historia de este libertador del pueblo judío, cuya madre lo puso en una canasta en el río Nilo para salvarlo de la muerte ordenada por el faraón. En ese momento, ante la extrema multiplicación de la nación judía en Egipto, el faraón ordenó que todo varón fuera eliminado al nacer. Sin embargo, Dios tenía otros planes con aquel niño: fue sacado de las aguas y criado por su propia madre en el palacio egipcio al amparo de la hija del faraón (Ex. 2:1-10). Igualmente podemos mencionar, a manera de ilustración, el nombre de Abel, quien fue asesinado por su hermano. Según la concordancia *Strong*, el término hebreo *abel* viene de *abal,* que significa «hacer duelo, lamentar, llorar, luto, etc.» y de otra raíz que no se usa, *abel*, referida a «estar cubierto de hierba, pradera». El nombre de Abel sí se relaciona con su historia de vida; alude a las circunstancias de su muerte que ocasionaron el duelo y el luto de sus padres.

Por la importancia que los hebreos le otorgaban al nombre, cuando Dios se le apareció a Moisés y le ordenó ir a Egipto a rescatar al pueblo judío que estaba allí esclavizado, lo primero que Moisés preguntó fue Su nombre. Él trató de identificar de quién recibía órdenes. Además, deseaba saber cómo se lo presentaría al pueblo. Por último, necesitaba anunciar al faraón en nombre de quién se atrevía a realizar una hazaña de tal magnitud.

El nombre de Dios

El nombre con que Dios se reveló a Moisés fue YHWH. Está compuesto por cuatro consonantes. Para que seamos capaces de pronunciarlo se le agregó la «a» y la «e». De este modo, al vocalizarlo suena como YAHWEH.

YHWH es la transliteración española del tetragramatón hebreo יהוה que se refiere a «el Ser». Este significado es aproximado, pues en realidad nadie conoce con absoluta  precisión lo que representaba. Este es el contexto de la primera vez que este nombre aparece: «Y dijo Dios a Moisés: YO SOY EL QUE SOY. Y añadió: Así dirás a los hijos de Israel: "YO SOY me ha enviado a vosotros"» (Ex. 3:14). Es como si Dios hubiera dicho: *Yo soy el que soy: no preciso de nada ni de nadie porque yo soy autosuficiente y autodependiente.* Por lo antes dicho, se ha concluido que YAHWEH (JEHOVÁ), es el nombre por el cual Dios quiere ser conocido. Esto se confirma en Éxodo 3:15, donde el Señor añade: «… Este es mi nombre para siempre, y con él se hará memoria de mí de generación en generación».

El tercer mandamiento muestra la reverencia debida a Su nombre. En Deuteronomio 28:58 Dios le indicó al pueblo: «Si no cuidas de poner en práctica todas las palabras de esta ley que están escritas en este libro, temiendo este nombre glorioso y temible…». El nombre de Dios revela Su gloria, Su carácter, Su majestad, Su poderío, Su esencia y Su santidad. Por esta razón, Él entiende que el pueblo necesita conocer cuán temible, santo y glorioso es Su nombre para caminar en rectitud. En el texto del mandamiento «No tomarás el nombre del SEÑOR tu Dios en vano», la palabra «vano» se refiere a no tomar al Señor como algo irrelevante. Significa que no se debe usar Su nombre a la ligera. De hecho, la idea es no usar el nombre de Dios de tal manera que lo «vaciemos de su contenido». Así mismo, no debemos hacer de Su majestad, Su gloria y Su poder algo ordinario y trivial.

En un momento en que los discípulos de Jesús le pidieron que les enseñara a orar, Su primera instrucción estuvo relacionada con la santificación del nombre de Dios: «… Padre nuestro que estás en los cielos, santificado sea tu nombre» (Mat. 6:9). El pueblo judío respetó tanto el carácter sagrado del nombre de Dios que, en ocasiones, no se atrevían ni siquiera a pronunciarlo. Para escribirlo en el papel elegían anotar algún sustituto: Adonai, HaShem (משה) que significa literalmente «El Nombre», Señor o algún otro. Los escribas sentían tal respeto que se lavaban las manos para purificarse antes de escribirlo.

- **La letra de la ley:** no tomar el nombre de Dios en vano.

- **El espíritu de la ley:** evitar todo lo que pueda faltar el respeto o manchar el nombre de Dios.

Veamos a continuación algunos ejemplos que pueden considerarse como irreverencia al nombre de Dios:

Llamarse cristiano y no representarlo en la vida diaria

Es común ver a personas que visitan de modo habitual la iglesia y que parecen estar consagradas y entregadas. Sin embargo, luego conocemos por diferentes medios que no se comportan igual en su hogar, en el ámbito laboral y social. Es importante tener esto en cuenta porque la forma como se comporta un cristiano puede determinar la imagen que los demás se crean de Dios.

En Romanos 2:24 leemos esta expresión: «Porque EL NOMBRE DE DIOS ES BLASFEMADO ENTRE LOS GENTILES POR CAUSA DE VOSOTROS…». Esto nos indica que la forma como se comporta un cristiano delante de otros lo puede llevar tanto a reverenciar como a blasfemar el nombre del Señor. En Mateo 15:8-9 Jesús afirmó: «ESTE PUEBLO CON LOS LABIOS ME HONRA, PERO SU CORAZÓN ESTÁ MUY LEJOS DE MÍ. MAS EN VANO ME RINDEN CULTO…». Es decir, no le dan al nombre de Dios su verdadero valor y lo que hacen es movido por la hipocresía.

Hablar de revelaciones y sueños que no se han recibido de parte de Dios

Como Dios es soberano, Él puede hacer lo que Él desee sin que nadie lo cuestione. La pregunta que debemos hacernos es la siguiente: ¿es apropiado esperar que el Señor nos hable de esta manera a pesar de tener Su revelación completa y al Espíritu Santo que mora en cada creyente? Sin embargo, hoy se ha puesto de moda en algunos círculos cristianos escuchar predicciones atribuidas a Dios sin ser cierto. Por ejemplo: «Dios me dijo…» o «Dios me reveló…». Es preciso cuidarnos de esas expresiones humanas porque la mayoría de las veces no son más que el producto de las emociones de quien las percibe. El siguiente pasaje de Jeremías 14:15 tiene un contexto distinto al de la sociedad contemporánea; sin embargo, la ilustración sigue siendo válida: «Por tanto, así dice el Señor: En cuanto a los profetas que profetizan en mi nombre sin que yo los haya enviado, y que dicen: "no habrá espada ni hambre en esta tierra", a espada y de hambre esos profetas perecerán». Lo que Jeremías manifiesta es que esos falsos profetas sufrirían las consecuencias de usar el nombre de Dios, aun cuando ellos no eran verdaderos emisarios de Dios.

Jurar por Dios y no cumplir el juramento

Esto no solo se refiere a un acto judicial, sino también a todas aquellas cosas con las que nos hayamos comprometido. Era común escuchar a nuestros antepasados decir: «Tengo que cumplir con esto porque yo di mi palabra». Con esa frase daban a entender que la palabra empeñada poseía tanto valor como la escrita. Hoy ya no vemos eso con frecuencia. Las personas se comprometen con la mayor ligereza aun cuando, en numerosas ocasiones, saben que no pueden cumplir con lo prometido. El cristiano debe reconocerse por la fidelidad en el cumplimiento de su palabra y sus obligaciones, con mayor razón si se atrevió a jurar por Dios.

Utilizar el nombre de Dios para beneficio propio

Una costumbre que lamentablemente se ha incrementado en los últimos tiempos es la comercialización del evangelio. Son numerosos los pastores y líderes que en el supuesto nombre de Dios venden agua milagrosa, aceite bendito, amuletos, medallitas y otras cosas parecidas. Ellos hacen que las personas crean que estos fetiches tienen poderes milagrosos. La doctrina de la siembra y la cosecha (ofrendas a Dios con la creencia de que Él te devolverá con creces lo que donaste) también está detrás de gran cantidad de púlpitos hoy. Se observa con frecuencia a pastores que tocan y empujan a las personas y ofrecen el argumento de que los ponen a dormir en el espíritu. Así, les hacen creer que esas acciones se acompañan de supuestas curaciones milagrosas. Sin embargo, el fin último es recoger «la cosecha». Además, realizan liberaciones de demonios y cobran dinero por ello. Todo esto mancilla el nombre de Dios. Jesús nunca cobró por hacer un milagro, y mucho menos lo haría cuando se trataba de liberaciones demoníacas. Los que supuestamente se dedican a expulsar demonios, se valen de que algunas personas tienen una voluntad débil que se puede controlar con facilidad. Y, si en realidad hacen despliegue de poder, entonces es con el poder de Satanás. ¡Ten mucho cuidado con esto!

En aquel tiempo, a quienes realizaban tales actos, Jesús les dijo: «Muchos me dirán en aquel día: "Señor, Señor, ¿no profetizamos en tu nombre, y en tu nombre echamos fuera demonios, y en tu nombre hicimos muchos milagros?"» (Mat. 7:22). Luego, Jesús mismo dijo lo que les responderá: «Y entonces les declararé: "Jamás os conocí; APARTAOS DE MÍ, LOS QUE PRACTICÁIS LA INIQUIDAD"» (Mat. 7:23). Y, ¿por qué les habló así? Porque eran usurpadores.

La proliferación de nuevas iglesias es mayor cada día y esto es en verdad loable siempre que se predique la Palabra de Dios. Sin embargo, el problema es que no ocurre así porque desde numerosos púlpitos se enseña sobre un Dios complaciente y milagrero que en nada se equipara al de la Biblia. Se expone un mensaje ligero para no ofender a los asistentes porque a muchos les gusta vivir como si Dios no existiera. Esos predicadores usan el nombre del Señor en vano. Con esto solo impiden que los demás no lo vean en toda Su dimensión y llevan al creyente a formarse una imagen distorsionada del Dios creador. Ellos, dicho de otra manera, «eclipsan» a Dios. Cuando hacemos esto, deshonramos Su grandeza, Su poder, Su majestad, Su santidad y Su justicia, mucho más si exponemos nuestro criterio por encima de Su Palabra.

En ocasiones, algunos líderes cristianos dan la impresión de solo querer llenar los asientos de la iglesia. El creyente que no desea ser engañado por falsas interpretaciones de la Palabra de Dios debe escudriñarla, tal como expresa la Biblia que hacían los habitantes de la ciudad de Berea. El Libro de los Hechos 17:10-11 explica que los pobladores de Berea eran más nobles que los de Tesalónica porque al recibir la Palabra escudriñaban la Escritura para comprobar si escuchaban sana doctrina. ¡Buen ejemplo para nosotros!

Participar de la Cena del Señor de modo indebido

La Santa Cena, o comunión como también se le llama, es el momento en que la Iglesia recuerda el sacrificio de Jesús. Es un tiempo de gran solemnidad. La persona que se presenta a compartir la mesa del Señor debe estar bautizada porque el bautizo la identifica con el sacrificio de Jesús. Sin embargo, aun quienes cumplieron con este requisito deben examinarse antes porque a diario cometemos pecados. Es preciso que nos arrepintamos y arreglemos cuentas con Dios si sabemos que hay pecados sin confesar en nuestra conciencia. Presentarse a compartir la Santa Cena mientras se vive francamente en pecado mancha la mesa del Señor y desnaturaliza un acto tan sagrado como este. En 1 Corintios 11:27 leemos esta sentencia: «De manera que el que coma el pan o beba la copa del Señor indignamente, será culpable del cuerpo y de la sangre del Señor». Y el versículo 29 agrega: «Porque el que come y bebe sin discernir correctamente el cuerpo del Señor, come y bebe juicio para sí». Por tanto, participar de modo indebido en esta ceremonia constituye una falta de respeto al nombre de Dios.

Reflexión final

Durante una conversación familiar, una prima nos contó algo que sucedió con su hijo preadolescente. El chico llegó un día de la calle y le dijo eufórico: «Mami, hoy sí le di a (nombre de un amigo) su merecido. Él vino a burlarse de mí y dije: "Todo lo puedo en Cristo que me fortalece", luego le di un golpe y cayó al suelo. Estoy seguro de que ya no me molestará más». En su ignorancia, el muchacho usó el nombre de Cristo para atropellar a su amigo.

Este caso, visto desde el punto de vista humano, quizás nos provoque risa. Es posible que dijéramos: «Son cosas de muchachos». Sin embargo, observar que alguien toma el nombre de Dios con tal irreverencia es preocupante. De la misma forma, nosotros usamos en reiteradas ocasiones Su nombre para cuanto se nos ocurra, sin reparar en si está relacionado a lo bueno o a lo malo. El nombre del Señor se refiere a las tres personas de la Trinidad. Por ello, cuando profanamos una, lo hacemos con todas al mismo tiempo. Dios es trino y uno.

Alguien nos comentó en una ocasión que era preferible mencionar a Dios y no al diablo en cada oportunidad. Podría ser cierto. Sin embargo, usar el nombre de Dios para trivialidades es profanación. En lo personal, hemos visto hombres enfrentarse a los puños solo porque mencionaron a su madre: «No uses el nombre de mi mamá», los hemos escuchado decir. Esto ocurre porque sienten que se profana a su madre. Con este ejemplo, nos damos cuenta de que entendemos bien lo que es una profanación.

Un pastor que visitó nuestro país comentaba la forma como nosotros usamos el nombre de Dios con gran facilidad al hablar de manera trivial. Esto, además de hacernos reflexionar, debe avergonzarnos. Es que no terminamos de comprender lo santo, glorioso y respetable que es el nombre del Señor. Sería comprensible que aconteciera algo así entre personas que no conocen la Biblia. Sin embargo, cuando los cristianos conocedores del evangelio lo hacemos, nos desvalorizamos como pueblo de Dios.

En Ezequiel 22:26 Dios le indicó al pueblo de Israel: «Sus sacerdotes han violado mi ley y han profanado mis cosas sagradas; entre lo sagrado y lo profano no han hecho diferencia, y entre lo inmundo y lo limpio no han enseñado a distinguir…». De esta manera, tanto los líderes religiosos como todos nosotros quienes nos llamamos pueblo de Dios somos culpables de no enseñar a nuestros descendientes dónde radican esas diferencias. Aún es tiempo de reflexionar e iniciar.

Aplicación personal

1. ¿Acostumbras examinar tu corazón antes de acercarte a la mesa del Señor? Recuerda que Judas fue uno de los que comía con Jesús.

2. ¿Representas a Dios ante las personas que te rodean? ¿Cómo te comportas con aquellos que te sirven? ¿Crees que pueden ver a Dios en ti?

3. ¿Qué le dirías a una persona que cree en el evangelio de la siembra y la cosecha?

CAPÍTULO 8

EL PORQUÉ DEL DÍA DE REPOSO

Acuérdate del día de reposo para santificarlo...

ÉXODO 20:8

Cuarto mandamiento

Así como Dios creó el trabajo, también estableció el reposo. Nadie conoce mejor el ciclo biológico del cuerpo humano que su Creador. En Génesis 2:1-2 leemos que Dios, luego de Su creación, en el séptimo día, reposó. El mismo Dios que Isaías 40:28 establece que: «... no se fatiga ni se cansa...», se detuvo después de crear por seis días, lo que nos deja un ejemplo de cómo el reposo debe seguir a la actividad de trabajo.

Hoy en día algunas iglesias o denominaciones continúan observando el día de reposo de manera rigurosa hasta el punto de prohibir la recreación. No es nuestra intención condenar a nuestros hermanos, sino analizar la revelación bíblica para descubrir qué es lo que Dios ha revelado para Su iglesia bajo el nuevo pacto. No creemos que el día de reposo deba ser observado de forma similar a como lo observó el pueblo hebreo, pero tampoco creemos que este día deba ser desestimado como algo simplemente del pasado.

A manera de introducción, veamos el testimonio de la iglesia primitiva con respecto al día de reposo:[6]

- La Didaché (100 d.C.): «En el día del Señor, únanse, partan el pan y tomen la eucaristía» (Didaché 14:1).[7]

- Ignacio (110 d.C.): «Aquellos que caminan en las costumbres antiguas han entrado en una nueva esperanza, ya no viviendo para el sábado, sino para el día del Señor» (Epístola enviada a los magnesianos 9:1).

- Justino Mártir (170 d.C.): En el día llamado el día del sol (*Sunday*, en inglés) todos los que viven en las ciudades o en el campo se reúnen juntos en un lugar (Primera Apología 67).

- Discusión de Justino Mártir con Trifón: «Nosotros no vivimos por la ley; no nos circuncidamos en la carne; no observamos el sábat».

Algunas controversias en cuanto al día de reposo

Si consideramos tanto el Antiguo Testamento como el Nuevo, lo primero que queremos establecer es que el énfasis de Dios en este mandamiento está en el reposo, no en el día en específico. En el idioma hebreo la palabra *Sabbat* (sábat) significa «reposo, descanso». Reconocemos que tener un día de reposo, común para todos facilita que la comunidad se pueda reunir como un solo cuerpo y ofrecer a Dios una adoración conjunta.

---

6. J. Douma, *The Ten Commandments: Manual for the Christian Life* [Los Diez Mandamientos: Manual para la vida cristiana], trad. por Nelson D. Kloosterman (Phillipsburg: P&R, 1996), 139.

7. La Didaché es una especie de manual cristiano que se cree fue escrito en la segunda mitad del siglo I; algunos creen fue redactado por los doce apóstoles.

En Éxodo 20:8-11, aparece el cuarto mandamiento de la ley de Dios al momento de Dios dar Su ley al pueblo hebreo por primera vez:

Acuérdate del día de reposo para santificarlo. Seis días traba-
jarás y harás toda tu obra, mas el séptimo día es día de reposo
para el Señor tu Dios; no harás en él obra alguna, tú, ni tu
hijo, ni tu hija, ni tu siervo, ni tu sierva, ni tu ganado, ni el
extranjero que está contigo. Porque en seis días hizo el Señor
los cielos y la tierra, el mar y todo lo que en ellos hay, y reposó
en el séptimo día; por tanto, el Señor bendijo el día de reposo
y lo santificó.

Si leemos de nuevo sobre este mandamiento, en el Libro de Deutero-nomio al final de los 40 años en el desierto, podemos hacer algunas comparaciones y ciertas deducciones:

Guardarás el día de reposo para santificarlo, como el Señor
tu Dios lo ha mandado. Seis días trabajarás y harás todo tu
trabajo, mas el séptimo día es día de reposo para el Señor tu
Dios; no harás en él ningún trabajo, tú, ni tu hijo, ni tu hija,
ni tu siervo, ni tu sierva, ni tu buey, ni tu asno, ni ninguno
de tus animales, ni el forastero que está contigo, para que tu
siervo y tu sierva también descansen como tú. Y acuérdate que
fuiste esclavo en la tierra de Egipto, y que el Señor tu Dios te
sacó de allí con mano fuerte y brazo extendido; por lo tanto,
el Señor tu Dios te ha ordenado que guardes el día de reposo
(Deut 5:12-15).

Prestemos especial atención a este último versículo: «Y acuérdate que fuiste esclavo en la tierra de Egipto, y que el Señor tu Dios te sacó de allí con mano fuerte y brazo extendido; por lo tanto, el Señor tu Dios te ha ordenado que guardes el día de reposo». La frase «por lo tanto» establece una cierta relación entre el hecho de que el Señor sacó a Su pueblo con brazo extendido de la tierra de

Egipto y el guardar el día de reposo. Parecería que el día de reposo guardado por el pueblo judío tenía por intención no solo proveer reposo o descanso para el pueblo, sino también proveer un tiempo para que el pueblo honrara al Dios que los había sacado de la esclavitud a la libertad. Es interesante que unos versículos más adelante, en Deuteronomio 6:12, Dios recuerda al pueblo: «[E]ntonces ten cuidado, no sea que te olvides del Señor que te sacó de la tierra de Egipto, de la casa de servidumbre». Honrar al Dios redentor durante el día de reposo era y es parte del propósito de este día de descanso. Si bien es cierto que los cristianos actuales no fuimos sacados de la esclavitud de Egipto, hemos sido rescatados de la esclavitud del pecado, tal como expresa Efesios 2:1. Este constituye un motivo suficiente para reunirnos un día a la semana como pueblo en santa convocatoria para adorarlo y agradecerle lo que ha hecho por nosotros.

Como vimos en el pasaje citado más arriba de Deuteronomio 5:12-15, Dios dispuso que, en el día de reposo, el pueblo hebreo recordara al Dios que lo había sacado de la esclavitud de Egipto. En nuestro caso, podríamos decir que el evento final por medio del cual Jesús nos sacó de la esclavitud del pecado fue Su resurrección. De ser así, y lo es, tiene sentido que nosotros guardemos como día de reposo el día que Jesús resucitó (domingo), como comenzó a hacer la iglesia primitiva (Hech. 20:7; 1 Cor. 16:2). Es el día en que la Iglesia cristiana se reúne para celebrar la libertad encontrada en Cristo. El reposo tiene su propósito: descansar y honrar a Dios, como ya hemos aludido. En Levítico 23:3 también se hace alusión a este principio: «Seis días se trabajará, pero el séptimo día será día de completo reposo, santa convocación en que no haréis trabajo alguno; es día de reposo al Señor dondequiera que habitéis». Este pasaje manifiesta claramente esta otra intención: congregarse un día a la semana, después de trabajar seis, para dar gracias y adorar al Señor. Hasta hoy, esos propósitos no han cambiado.

El día de reposo ha generado gran controversia dentro de las iglesias. Sin embargo, esas polémicas no se fundamentan en la obligatoriedad de guardarlo o no, sino más bien en torno a cómo guardarlo y a cuál es el día de la semana que se debe guardar. Algunas denominaciones o grupos religiosos (los adventistas del séptimo día) guardan el sábado tal como hacía y hace hoy el pueblo judío. Pero las iglesias cristianas que se denominan cristianas (protestantes y católicos) guardan el domingo. Esto se debe a que la Biblia registra eventos ocurridos después de la muerte de Cristo que son de gran relevancia para las comunidades de creyentes:

- La resurrección de Jesús ocurrió el primer día de la semana, el domingo (Mar. 16:1-6; Luc. 24:1-3).
- Es interesante ver también como la venida del Espíritu Santo sobre los discípulos ocurrió el domingo de Pentecostés (Hech. 2:1-40). La manifestación del Espíritu Santo el domingo tuvo gran relevancia para los cristianos, ya que Su presencia era imprescindible en la vida de la Iglesia. En Hechos 1:4 Jesús, antes de ascender al cielo, les ordenó a los discípulos no salir de Jerusalén a predicar hasta que recibieran la promesa del Padre, la presencia del Espíritu Santo: «… recibiréis poder cuando el Espíritu Santo venga sobre vosotros…» (Hech. 1:8). La palabra «poder» en griego es *dúnamis* (δύναμις). De este término se deriva el vocablo español «dinamita». *Dúnamis* representa fuerza, habilidad, poder y determinación. Era justo lo que necesitaban los discípulos para ejercer su fe y predicar el evangelio en todo sitio al que llegaran. Esa llegada ocurrió en domingo.
- El apóstol Juan recibió la revelación del Apocalipsis mientras se encontraba exiliado en la isla de Patmos, en el día del Señor, que era un término usado en ese entonces para referirse al domingo (Apoc. 1:1-20).
- Algunas de las apariciones de Jesús después de la resurrección ocurrieron también en domingo (Juan 20:1,19).

Como puede observarse, los hechos más relevantes con relación a Cristo ocurrieron en este día de la semana. Entonces, si Él es el fundamento y la cabeza de la Iglesia, quien la dirige y la controla, tiene sentido que la iglesia primitiva decidiera establecer la adoración al Salvador el domingo y no el sábado.

Dios no estableció el día de reposo como una esclavitud para el ser humano, sino para encontrarse con Él en comunión un día a la semana. Bien dijo el Señor: «... El día de reposo se hizo para el hombre, y no el hombre para el día de reposo» (Mar. 2:27). Este pasaje, junto con otros pasajes que encontramos en las epístolas, nos habla de que hay algo más en el Nuevo Testamento relativo al día de reposo. Veamos las instrucciones de Pablo a la Iglesia en Roma y a la Iglesia en Colosas:

> *Uno juzga que un día es superior a otro, otro juzga iguales todos los días. Cada cual esté plenamente convencido según su propio sentir. El que guarda cierto día, para el Señor lo guarda; y el que come, para el Señor come, pues da gracias a Dios; y el que no come, para el Señor se abstiene, y da gracias a Dios* (Rom. 14:5-6).

> *Por tanto, que nadie se constituya en vuestro juez con respecto a comida o bebida, o en cuanto a día de fiesta, o luna nueva, o día de reposo; cosas que solo son sombra de lo que ha de venir, pero el cuerpo pertenece a Cristo* (Col. 2:16-17).

Los pasajes anteriores ponen en evidencia que el apóstol Pablo estaba tratando de desarrollar una actitud de no condenación entre los hermanos que pensaban diferente sobre el día de reposo a la luz del nuevo entendimiento según el nuevo pacto.

- **La letra de la ley**: santificar el día de reposo, alabar a Dios y agradecer lo que ha hecho por nosotros.

- **El espíritu de la ley**: no sobrecargarse de obligaciones que roben el tiempo de dedicación y adoración a Dios, que destruyan la salud y la capacidad de trabajo de la persona, más el efecto que el exceso de trabajo puede traer sobre la salud física y emocional de cada individuo, más las consecuencias relacionales que una carga excesiva pudiera traer.

El mal uso del día de reposo

El ser humano se inclina a tergiversar las situaciones de acuerdo con su parecer. Ocurrió así en el pasado y sucede igual en el presente. Los fariseos, para citar un ejemplo, hicieron mal uso del día de reposo; lo tergiversaron de tal manera que llegaron al extremo de elaborar 39 clasificaciones diferentes del trabajo. Entonces, cargar un hijo, un paquete de frutas o sanar a un enfermo en ese día era pecado. Ni siquiera se defendían si eran ofendidos o atacados en el día de reposo. Creían ser los maestros de la ley, pero la malinterpretaban y condenaban a todo aquel que, según sus normas, violara el día de descanso. No entendieron que el propósito de Dios no era esclavizar a la humanidad, sino otorgarle un día de verdadero reposo.

En el Nuevo Testamento, en Mateo 12:1-7, leemos un pasaje en el cual los fariseos acusan a Jesús de violar el día de reposo, y Él intenta ayudarles a entender el propósito de este día:

Por aquel tiempo Jesús pasó por entre los sembrados en el día de reposo; sus discípulos tuvieron hambre, y empezaron a arrancar espigas y a comer. Y cuando lo vieron los fariseos, le dijeron: Mira, tus discípulos hacen lo que no es lícito hacer en el día de reposo. Pero Él les dijo: ¿No habéis leído lo que hizo David cuando él y sus compañeros tuvieron hambre, cómo entró en la casa de Dios y comieron los panes consagrados, que no les era lícito comer, ni a él ni a los que estaban con él, sino solo a los sacerdotes? ¿O no habéis leído en la ley, que en los días de reposo los sacerdotes en el templo profanan el día de reposo y están sin culpa? Pues os digo que algo mayor que el templo está aquí. Pero si hubierais sabido lo que esto significa:

*"Misericordia quiero y no sacrificio", no hubierais con-
denado a los inocentes. Porque el Hijo del Hombre es Señor del
día de reposo.*

Este pasaje claramente ilustra la otra enseñanza de Jesús que ya
citamos: «... El día de reposo se hizo para el hombre, y no el hombre
para el día de reposo» (Mar. 2:27).

Algunas consecuencias de no guardar el día de reposo

Trabajar en el día de reposo sin necesidad de hacerlo, con frecuencia,
es pecaminoso. Esto sucede porque la razón que impulsa a las personas a laborar en ese día, de modo general, está relacionada con el
afán de poseer más. La Biblia es enfática cuando enseña sobre el
peligro de ser «poseído» por el dinero. En 1 Timoteo 6:9-10 el apóstol
Pablo advierte: «... los que quieren enriquecerse caen en tentación y
lazo y en muchos deseos necios y dañosos que hunden a los hombres
en la ruina y en la perdición. Porque la raíz de todos los males es el
amor al dinero...».

La mayoría de las personas justifica el afán de hacer dinero con
la necesidad de mantener a su familia. Afirman que cada día los
costos son más altos para vivir de modo decente. Lo lamentable es
que, cuando estas personas reaccionan, lo hacen para darse cuenta
de que, aunque proveyeron innumerables posesiones materiales a su
familia, la privaron de lo más importante: su compañía. El tiempo
perdido no puede recuperarse. Por otro lado, quienes trabajan en
el día de reposo se desgastan más y con mayor rapidez que quienes
laboran durante las horas establecidas. Además, suelen estar tensos
y malhumorados porque su ciclo biológico de trabajo y descanso
para el que fueron diseñados por Dios se altera y, en consecuencia, también se enferman más que quienes respetan su tiempo de
reposo. En algunas ocasiones, nos encontramos con personas que
no se niegan a ningún trabajo que les soliciten. Ellos creen que

de esa forma ganan honores ante sus superiores. Se comprometen con más ocupaciones de las que pueden realizar en los días laborables y, entonces, su descanso se afecta porque deben utilizarlo para culminar sus tareas.

El exceso de trabajo impide que haya tiempo para dedicar a la familia. Gran parte de los padres de esta generación (se incluye padre y madre) ni siquiera conocen bien a sus hijos. El trabajo les ocupa la mayor parte del tiempo y no lo comparten con ellos. De este modo se produce un alejamiento entre ambas partes hasta que se convierten en extraños. Cuando eso ocurre, la familia pierde la estabilidad y, si no hay familias estables, poco a poco se desploma la sociedad.

En ocasiones se usa el pretexto del trabajo para escapar de las presiones de la casa. No solo el esposo, sino también la esposa incurre en esto. En esos casos, sería bueno responder la siguiente pregunta: ¿tengo exceso de trabajo o solo evado mis responsabilidades? Por estas y otras razones, las personas que afirman honrar a Dios con su trabajo, al realizarlo en domingo, violan el cuarto mandamiento.

Anteriormente los padres criaban a sus hijos, en especial la madre que pasaba una gran parte del tiempo en el hogar. En la actualidad los pequeños están a cargo de las «nanas». Esto no quiere decir que la madre no pueda trabajar fuera del hogar; pero, si debe hacerlo, debe asegurarse de que realmente la labor sea una verdadera necesidad y no un deseo de buscar una realización personal. Por otro lado, en la medida en que los hijos van creciendo, la madre va quedando con más tiempo libre durante las horas que ellos están en el colegio y quizás esas horas pudieran aprovecharse para que esa madre trabaje cuando la necesidad exista.

En la práctica, se comprueba que el dinero ganado por los padres que exageran su tiempo de trabajo frecuentemente termina gastado en la asistencia de psicólogos y psiquiatras, en salas de tareas, en asistentes educativos y asistencia distinta para atender lo que fue descuidado. En fin, el dinero extra se usa en actividades diversas que los padres costean en un intento por llenar el vacío que produce su ausencia en la crianza de los hijos. Así mismo, procuran reparar el daño ocasionado por la inexistente convivencia familiar. El descuido, la ausencia de los padres y la falta de vigilancia constituyen razones de gran peso en la delincuencia y la promiscuidad que vive la juventud de nuestros días. Si hubiera menos hijos «huérfanos de padres vivos», la situación no sería tan alarmante.

Por otro lado, numerosos hombres son infieles a sus parejas con el trabajo, ya sea porque el trabajo le roba tiempo de compartir a su pareja o porque el trabajo los cansa física y emocionalmente hasta el punto de buscar un deshago. Cuando un hombre o una mujer no cumple a cabalidad el rol que Dios le ha asignado dentro del matrimonio y no dedica el tiempo necesario a su cónyuge, esa situación coloca al otro en una situación de riesgo. Esto sucede porque expone a la pareja a una soledad que con frecuencia termina en separación emocional o aun física. Ante esto, uno de los cónyuges puede incurrir en adulterio porque busca a alguien que le dedique tiempo y preste atención a sus necesidades emocionales.

En los últimos tiempos, se ha detectado una nueva corriente que era desconocida para nuestros antepasados: adicción al trabajo, que se traduce del término anglosajón *workaholism*. Es una especie de enfermedad emocional que se caracteriza por la compulsión a laborar en exceso. Hubo una época en que el ritmo de trabajo lo marcaba Dios. Sin embargo, en la medida en que nos hemos modernizado, el tiempo de nuestras ocupaciones lo señala el mercado, pues cada día se requiere más para vivir mejor. El nivel de competencia aumenta a una velocidad inconcebible y casi todos nos dejamos arrastrar por esa nueva configuración. Los adictos al trabajo consideran que su vicio de laborar sin descanso no es tan dañino como el apego a las drogas, al cigarrillo y al alcohol entre otras adicciones estimadas como más vulgares y esclavizantes. No obstante, cambian ese modo de pensar cuando alguien les demuestra que el exceso de ocupaciones también es una adicción o al comenzar a vivir las terribles consecuencias de abusar del cuerpo con jornadas de trabajo demasiado extendidas.

Si un adicto al trabajo no aparta tiempo para dedicárselo a Dios y a su familia, tampoco lo guardará para colaborar en la obra del Señor.

Cuando Él en Su sabiduría instituyó que el ser humano debía trabajar solo seis días y descansar el séptimo, tenía una razón poderosa para hacerlo. «No os dejéis engañar, de Dios nadie se burla; pues todo lo que el hombre siembre, eso también segará» (Gál. 6:7).

La recreación en el día de reposo

Una pregunta que surge en la mente de numerosos cristianos es sobre la recreación en ese día dedicado al Señor. ¿Es lícita el domingo? Por supuesto que sí.

Algunas iglesias prohíben aun la recreación durante el día de reposo. Creemos que, si el cristiano cumple con su deber de honrar a Dios en el día de reposo, la diversión puede ser parte de cómo él reposa en ese día y sobre todo cuando lo logra hacer junto con su familia para aquellos que están casados. Si llevemos la prohibición del trabajo a sus extremos, sería necesario, por ejemplo, dejar de comprar gasolina, abolir el servicio de la policía, de los bomberos e incluso de los médicos y las enfermeras. Además, habría que cerrar las clínicas y los hospitales, pues su funcionamiento requiere de personas que trabajen. Las personas que trabajan para que la población tenga servicio de teléfono, agua, luz, Internet, transportación área y terrestre, así como en múltiples otros lugares tendrían todas que dejar de trabajar. Esa no fue la intención de Dios al instituir el mandamiento.

Una vez más, la intención del día de reposo es descanso y la adoración de nuestro Dios en comunidad. Siempre y cuando esto pueda ser hecho de una manera bíblica, creemos que estamos honrando este mandamiento.

Reflexión final

Esta nueva corriente de adicción al trabajo de manera general se creía aplicable solo a los hombres. Sin embargo, con la incursión de la mujer en el mercado laboral, se ha establecido entre los dos sexos una tenaz competencia. En la actualidad las mujeres trabajan fuera del hogar tanto o más que los hombres. Como ellas suelen ser polifacéticas, resultan ser más adictas al trabajo que los varones.

Reiteramos que no estamos en contra de que la mujer trabaje fuera de su casa porque sabemos que en ocasiones esto es una necesidad. Sin embargo, si el diseño de Dios se altera, no se obtienen los resultados esperados. Desde el principio de la creación, Dios dispuso que la mujer fuera la ayuda idónea del hombre (Gén. 2:18).

Ahora también presenciamos un nuevo fenómeno: un gran número de hombres han dejado de ser la cabeza dirigente de sus hogares y le han cedido esa responsabilidad a la mujer. Es una queja que se maneja con frecuencia en los salones de consejería. En múltiples casos las mujeres producen más dinero que los esposos y esto ha contribuido, en ocasiones, a que se apoderen de roles que no les corresponden. Entonces, los hombres (por supuesto que no todos), tal como hizo Adán, se limitan a seguir a la esposa. Al parecer eso les resulta más cómodo. Este patrón se maneja en numerosos hogares hoy. Cuando así ocurre, los hijos pierden el sentido de quién es la cabeza dirigente en el hogar. Además, como ambos progenitores se ocupan todo el tiempo, casi nunca hay un día para dedicarlo al Señor.

John Adams, quien fuera el segundo presidente de Estados Unidos, considerado como uno de los padres fundadores de ese país, dijo en una ocasión: «De todo lo que he leído de historia y gobierno, vida humana y comportamiento humano, he llegado a la conclusión de que el comportamiento de la mujer es el barómetro más infalible para determinar el grado de moralidad y virtud de una nación...».[8] Creemos que vale la pena tomar esto en cuenta porque la mujer, como madre, posee una sensibilidad única que la ayuda a ver, con frecuencia, aquello que el varón no ve. Así mismo, esa habilidad de percibir, la capacita para influir de manera poderosa en la formación moral y cristiana de los hijos.

---

8. *John Adams autobiography, part 2*, «Travels, and Negotiations», 1777-1778 [Autobiografía de John Adams, Parte 2, «Viajes y negociaciones», 1777-1775], hoja 27 de 37, 30 de mayo a 3 de junio de 1778; https://www.masshist.org /digitaladams/archive/doc?id=A2_27&bc=%2Fdigitaladams%2Farchive%2F browse%2Fautobio_by_date.php.

Para constituir familias con mujeres virtuosas y hombres de rectitud moral, que además colaboren en la formación de una sociedad justa y respetuosa de la ley de Dios, debemos acatar los patrones y el diseño establecidos por Él.

Aplicación personal

1. ¿Cómo guardas el día de reposo? ¿Te ocupas de enseñarles a tus hijos que lo primero en ese día es adorar al Señor?

2. ¿Cuál es la prioridad en tu hogar: que tu familia posea lo último de la moda, un mejor estilo de vida o que aprenda cuáles son los verdaderos valores?

3. ¿Cuáles son tus pasatiempos favoritos en el día de reposo? ¿Podría Cristo participar contigo en ese esparcimiento?

CAPÍTULO 9

EL VALOR DE HONRAR A LOS PADRES

Honra a tu padre y a tu madre, para que tus días sean prolongados en la tierra que el SEÑOR tu Dios te da.

ÉXODO 20:12

Quinto mandamiento

Dios le entregó a Moisés los Diez Mandamientos a principios de los 40 años en que el pueblo vagó por el desierto (Ex. 20:1-17). También los reiteró antes de entrar a la tierra prometida, como ya vimos. Ninguno fue anulado ni adulterado al final de la travesía. En Deuteronomio 5:16, Él enfatiza: «Honra a tu padre y a tu madre, como el SEÑOR tu Dios te ha mandado, para que tus días sean prolongados y te vaya bien en la tierra que el SEÑOR tu Dios te da». Dios entrega al pueblo cuatro mandatos que explican cómo relacionarse con Él. Luego, al comunicar los preceptos que explican la forma de relacionarse con los demás, llama la atención que inicie este grupo con el deber de honrar a los padres.

Podríamos aventurarnos a hacer algunas especulaciones que respondan a nuestra inquietud. Quizás Dios inició con el mandato de honrar a los padres porque deseaba que el pueblo agradeciera a quienes los alimentaron, los cuidaron y los vistieron primero. Sin embargo, ese mandato fue entregado a Israel cuando aún estaban en el desierto. Y allí, fue Dios y no sus padres quien los alimentó con el maná (Ex. 16:13-15), quien cuidó de que su ropa y su calzado no se desgastaran sobre su cuerpo y en sus pies (Deut. 29:5). Por lo tanto, existe otra razón superior: los padres traen a sus hijos a la vida. Ellos son los instrumentos de vida que Dios usa. La vida es realmente importante para Dios.

El significado de honrar a los padres

El término «honrar» se deriva del vocablo hebreo *kabód*, que significa «dar peso a algo o a alguien». Si lo aplicamos al mandamiento, equivaldría a saber que la honra a los padres no es algo ligero o sin importancia, sino una cuestión de peso. Implica dar a los progenitores un reconocimiento de valor. En el idioma griego la palabra usada para «honra» es *akoúein*, que significa «escuchar, prestar atención». En un lenguaje figurado se podría explicar como «hiperescuchar». Por ejemplo, en Mateo 13:9, Cristo señala: «El que tiene oídos, que oiga». Él trata de comunicar esa idea: que no es solo escuchar, sino también prestar atención. De este modo, cuando Dios manda a honrar a los padres, nos indica que debemos escucharlos bien; prestarles la debida atención.

El quinto mandamiento es el único que contiene una promesa: «… para que tus días sean prolongados…». En el Nuevo Testamento, en Efesios 6:1-3, se refuerza el mandato al expresar: «Hijos, obedeced a vuestros padres en el Señor, porque esto es justo. Honra a tu padre y a tu madre (que es el primer mandamiento con promesa), para que te vaya bien, y para que tengas larga vida sobre la tierra». Dios sabe que, si no aprendemos a obedecer y a honrar en primer lugar a quienes nos dieron la vida y estuvieron con nosotros desde que llegamos a este mundo, será difícil que aprendamos a respetar y honrar a otros y, en consecuencia, se tornará complicado tener un futuro exitoso o de bienestar en general. Quienes no cumplen con este precepto fundamental tendrán dificultades al conducirse en la sociedad. A lo largo de nuestra vida, tendremos alrededor a personas con mayor autoridad que nosotros a quienes deberemos honrar, respetar y obedecer. Pero, si no aprendimos esto en la infancia, en el seno familiar, se tornará difícil lograrlo al llegar a la adultez. Por otro lado, entendemos que todo el que aspira a un puesto de importancia debe saber ejercer la autoridad. Sin embargo, la práctica nos ha demostrado que las personas que no se conducen con respeto y obediencia hacia los demás tampoco saben gobernar de manera adecuada. Es una cuestión de causa y efecto.

En Colosenses 3:20 se refuerza una vez más el mandamiento: «Hijos, sed obedientes a vuestros padres en todo, porque esto es agradable al Señor». Esta es una razón en apariencia simple, pero poderosa: eso agrada a Dios.

- **La letra de la ley:** honrar a los padres.

- **El espíritu de la ley:** diversos comportamientos de respeto, honra y cuidado que amplían el significado del mandato.

Algunas razones para la obediencia a los padres

En primer lugar, los hijos deben amar y respetar a los padres porque fue el Señor quien los eligió como instrumentos para dar vida como ya mencionamos. En segundo lugar, los padres poseen más experiencia de vida. Por tanto, los aventajan en sentido común y discernimiento. A mayor edad, más sabiduría usualmente. Con los años las personas se tornan más prudentes y adquieren mayor sabiduría y habilidad para ver desde dónde acecha el peligro.

Es importante resaltar que el mandamiento no señala que honres a tus padres si son buenos y te dan lo que necesitas. Solo afirma: «Hónralos». A pesar de que hay padres que se desentienden de sus obligaciones, esto no significa que los hijos adquieren el derecho de irrespetarlos. Eso sería desobediencia al mandato de Dios, lo cual Él considera una falta grave. En 1 Samuel 15:23 se establece que: «… la rebelión es como pecado de adivinación, y la desobediencia,

como iniquidad e idolatría...». No corresponde a los hijos enviar
juicio a los padres. Eso le pertenece a Dios.

Otra razón importante para honrar a nuestros padres es que Dios
así lo ha ordenado. Y la obediencia a lo que Dios ordena siempre
traerá bendición. Una segunda razón para obedecer u honrar a nuestros padres es que, en general, la mayoría de los padres tienen el
mejor interés para con sus hijos, aunque sabemos que existen excepciones a la regla. En Proverbios 6:20-23 leemos:

> *Hijo mío, guarda el mandamiento de tu padre, y no abandones
> la enseñanza de tu madre; átalos de continuo en tu corazón,
> enlázalos a tu cuello. Cuando andes, te guiarán; cuando duer-
> mas, velarán por ti; y al despertarte, hablarán contigo. Porque
> el mandamiento es lámpara, y la enseñanza luz, y camino de
> vida las reprensiones de la instrucción.*

El autor de Proverbios habla de que el mandamiento y la enseñanza del padre y de la madre velarán por el bien el hijo y la razón
es muy sencilla: es así porque las instrucciones de los padres hacia los
hijos usualmente vienen de un corazón preocupado por el bienestar
de los hijos.

En la actualidad, es raro ver hijos que consulten a los padres o a los
abuelos cuando deben tomar una decisión o tienen algún proyecto
por delante. Piensan que son anticuados y que su opinión no vale
hoy. Sin embargo, la Biblia cita episodios que pueden servirnos como
ejemplo y llevarnos a pensar de otra manera. Una de las razones por
las que Roboam, hijo de Salomón, perdió su reino, fue por no escuchar el consejo de los ancianos. En 1 Reyes 12:8 leemos que: «... él
abandonó el consejo que le habían dado los ancianos, y pidió consejo
a los jóvenes que habían crecido con él y le servían». Y, ¿cuál fue la
consecuencia? Su reino se dividió. Es posible que la juventud esté
bien actualizada, llena de las mejores intenciones y llena de energía,
pero la madurez solo se adquiere con los años.

Otra razón importante para escuchar y obedecer a los padres es que las personas de edad avanzada no viven con la rapidez y la inmediatez que se experimenta en la juventud. Por tanto, son más reflexivas. Sin embargo, la razón de mayor peso es que Dios está en contra de aquellos que los desobedecen. «Hijos, obedeced a vuestros padres en el Señor, porque esto es justo», aconseja Efesios 6:1. Obviamente, Dios no está aconsejando a los hijos a obedecer a sus padres ciegamente hasta el punto de incurrir en pecado, sino que la obediencia debe seguir parámetros bíblicos. En una ocasión, una adolescente de nuestra iglesia vino a verme (Miguel) años atrás porque su madre (no cristiana) quería que ella visitara las discotecas cuando en realidad ella no quería y más bien su deseo estaba en formar parte de nuestra iglesia. La instamos a que respetuosamente le explicara a su madre su negatividad a asistir a esos lugares y le solicitara permiso para asistir a la iglesia. Eventualmente la madre accedió. Hoy en día esa adolescente es una mujer casada con hijos, altamente integrada en la iglesia junto con su esposo y hace poco su madre ha comenzado a asistir a nuestra congregación. Esta joven en su momento confió en Dios para no seguir los lineamientos de su madre y seguir más bien los dictámenes de su conciencia para asistir a la iglesia y logró hacerlo por medio de la gracia de Dios, con la aprobación de su madre.

De este modo, a los hijos obedientes Dios los mide con justicia, pero retiene Su gracia con aquellos que no lo son. El Señor determinó la relación de honra y obediencia de los hijos a los padres porque estos son las autoridades delegadas para guiar y proteger la familia y el hogar. En Proverbios 13:1 leemos la siguiente declaración: «El hijo sabio acepta la disciplina de su padre, pero el escarnecedor no escucha la reprensión».

La limitación de la autoridad de los padres

Como mencionamos más arriba, Dios no espera que los hijos obedezcan a los padres de manera ilimitada, ya que los padres tienen por encima de ellos una autoridad superior que es Dios. Por eso se nos recuerda en el libro de los Hechos 5:29 que es necesario «… obedecer a Dios antes que a los hombres». Por otro lado, el apóstol Pablo, al escribir a los creyentes en la iglesia de Colosas les instruye y les dice: «Hijos, sed obedientes a vuestros padres en todo, porque esto es agradable al Señor. Padres, no exasperéis a vuestros hijos, para que no se desalienten» (Col. 3:20-21).

Dios ratifica el quinto mandamiento y «limita» el poder de los padres hacia los hijos al llamarlos a no provocar a vuestros hijos a la ira, algo que es repetido en Efesios 6:4, como veremos más adelante. Esta enseñanza es importante porque, con el pretexto de que los hijos deben obedecer a los padres, muchos han abusado de sus hijos y han contribuido a aumentar la rebelión con la que nacemos de forma natural.

Una vez que los hijos crecen y se independizan, los padres no deben esperar la obediencia que estos tuvieron mientras estaban madurando. Sin embargo, esos hijos siguen con la misma obligación de honrarlos. Los honramos al cuidar de ellos o al estar pendientes de su cuidado. Los honramos al escucharlos; los honramos al hablarles con respeto y consideración. Presta esta atención a esta enseñanza de Jesús en Mateo 15:4: «Porque Dios dijo: "Honra a tu padre y a tu madre", y: "Quien hable mal de su padre o de su madre, que muera"». Honrar al padre y la madre nos sirve para aprender a honrar al resto de las personas. Incluso una mala imagen de un padre terrenal frecuentemente contribuye a que las personas tengan una mala imagen del Padre celestial y viceversa. A continuación, otras enseñanzas sobre cuando los hijos se separan de sus padres.

Cuando los hijos se independizan

Aunque el vínculo del matrimonio indica una separación de los padres, eso no significa que deban sacarlos por completo de sus vidas. La actitud correcta es tenerlos presente, visitarlos, llamarlos, incluirlos en algunas de sus actividades. En fin, debemos mantener con ellos una buena comunicación y sobre todo una buena relación. En el momento en que los hijos se marchan, por lo general, los padres tienen una edad avanzada. Quedar con el nido vacío puede resultar difícil para ellos.

Cuando los hijos se casan y tienen descendencia, no deben abusar de sus padres ni usarlos solo para cuidar a los nietos. Eso es común en estos tiempos en que la mayoría de las madres trabajan fuera de la casa. Aunque los abuelos disfrutan cuidar a los pequeños, no deben extralimitarse en el tiempo que dedican a ello. Por su edad, y en ocasiones por el deterioro de la salud, no tienen la misma fuerza que poseían cuando criaban a sus propios hijos. Además, existe una brecha generacional que puede ser difícil de vencer. Las costumbres cambian y la tecnología avanza con rapidez en los últimos años. Por eso, a las personas de edad se les dificulta adaptarse a algunos de aquellos dispositivos que la juventud maneja con gran facilidad.

Resulta doloroso para quien ha llegado a la vejez sentir que sus hijos o nietos se avergüenzan o lo marginan porque son anticuados, no saben usar los medios sociales o repiten las mismas historias y chistes. En ocasiones, con los años, se llega a perder los hábitos de aseo, las buenas costumbres a la mesa y se adquieren otras normas propias de la edad avanzada. Los hijos deben tener presente que cuando eran niños sus padres les inculcaron las prácticas correctas. Sin embargo, por el paso del tiempo ya ellos no pueden ejercerlas por sí mismos. La vejez hace que el cuerpo y el cerebro se degeneren. Por eso, es natural que los adultos mayores se comporten de esa forma.

Lo aconsejable es tratar de ponernos en su lugar y tener presente que, a excepción de quienes mueren jóvenes, todos enfrentaremos esa etapa de limitaciones. Es preciso que actuemos movidos por el amor, pues frecuentemente tal como tratemos a nuestros padres seremos tratados por nuestros hijos. Los refranes son sentencias del pueblo que contienen una vasta sabiduría. Hay uno en especial que afirma: «De tus hijos solo esperes lo que con tus padres hicieres».

Sumado a lo anterior, los hijos deben interesarse por la salud y la situación económica de los padres. Algunos han podido ahorrar en su juventud para sostenerse durante los años improductivos, y eso es realmente acertado. Pero no todos han tenido la misma oportunidad o precaución. La vejez es degenerativa y en la mayoría de los casos los padres adquieren limitaciones y sus recursos no son suficientes para cubrir sus necesidades. Es natural esperar que, como muestra de amor recíproco, aquellos que proveyeron, criaron y educaron, en sus tiempos infructuosos reciban de regreso el cuidado amoroso y agradecido de los hijos.

Cuando los hijos cuestionan la autoridad de los padres

En la década de 1960, se inició en Estados Unidos la época de los *hippies*. Fue un movimiento juvenil contracultural que se caracterizó por la revolución sexual, el amor libre y la rebeldía contra la homogeneidad de conceptos. Abrazaron el activismo radical y adoptaron el uso de las drogas con la finalidad de alcanzar estados alterados de conciencia.[9] Una de sus frases más populares era «Cuestiona la autoridad». Objetaban toda autoridad y, como resultado, los hijos de esa generación lo primero que cuestionaron fue la autoridad de los padres. La historia ha demostrado las consecuencias. En 1970, la sociedad había alcanzado un alto índice de promiscuidad sexual. En la década de 1980, comenzaron a surgir en Estados Unidos los primeros casos de sida. Desde la década de 1960 hasta la actualidad, la sociedad ha experimentado un gran aumento de deserción escolar, drogas, abortos, suicidios y violencia intrafamiliar. La razón es manifiesta: se violentan de modo constante las normas dispuestas por las autoridades que Dios estableció. Todo esto inicia con el irrespeto y el desacato de los hijos hacia sus progenitores. El resultado es fácilmente visible hoy: una juventud descarriada y una enorme cantidad de familias disfuncionales.

Algo que llama la atención en este quinto mandamiento es que no ordena a los hijos que obedezcan a los padres, sino que los honren. Los hijos pueden obedecer sin honrar, pero jamás podrán honrar

---

9. *Time Magazine*, «The Hippies» [Los *hippies*], 7 de julio de 1967.

sin obedecer. Es posible subordinarnos por miedo u otras razones sin amar ni estimar a la persona a quien nos sometemos. La honra involucra prestar atención, valorar, reverenciar, respetar y tener en alta estima. Se relaciona con desear el bienestar de la persona a quien obedecemos. Debemos honrar a los padres, sea que tengan mérito o no. Así mismo, como señalamos anteriormente, precisamos honrar a los padres porque son las autoridades delegadas por Dios para guiar a los hijos. En consecuencia, los hijos deberán honrarlos aun si ellos no han cumplido su misión de padres.

Sabemos que resulta difícil para un hijo honrar a un padre o a una madre que no cumplió con su obligación, no le brindó el amor y el cuidado necesarios y nunca demostró que su vida le importaba. El desamparo marca a las personas. En la mayoría de los casos, quienes fueron dejados atrás experimentan un gran vacío en el corazón por la ausencia del progenitor que les falló. Si han vivido situaciones traumáticas como esas, lo recomendable es buscar ayuda a través de consejeros bíblicos.

Si los hijos son pequeños, el progenitor que esté a cargo no debe engañarlos ni crear historias irreales sobre el tema del abandono, pues eso no contribuirá a que aprendan a enfrentar el problema. Lo más acertado es explicar la situación en la medida en que la edad del hijo le permita entenderla. En innumerables ocasiones, conocer la verdad ha contribuido al desarrollo de mecanismos que ayuden a la persona a adaptarse a la realidad con mayor facilidad. No sucede así cuando lo que se cuenta es falso.

Por otro lado, es necesario recordar que los seres humanos, por lo general, aprenden por observación e imitación. Eso obliga a los padres a realizar el mayor esfuerzo por modelar la conducta que esperan ver en sus hijos. Recuerdo que nuestro padre, cuando hacíamos alguna travesura y nos llamaba para corregirnos, siempre usaba una de sus expresiones favoritas: «Nunca me has visto haciendo eso… Entonces, ¿por qué lo haces?». En ese momento, quedábamos desarmados y arrepentidos.

Si los padres, al disciplinar a los hijos, lo hacen con respeto y sin avergonzarlos, de igual forma responderán ellos. Quien anhele que sus descendientes tengan un buen comportamiento y una buena reputación debe comenzar por ofrecerles amor y modelar una vida fundamentada en principios éticos y morales. Si los hijos observan en los padres una doble moral, el resultado es frustración e indisciplina. La Biblia nos enseña en Efesios 6:4 la forma de hacerlo: «Y vosotros, padres, no provoquéis a ira a vuestros hijos, sino criadlos en la disciplina e instrucción del Señor». La disciplina debe ser firme, consistente, pero aplicada con amor. Los hijos deben saber que los padres los valoran y los aman, y por esa razón los disciplinan. Una penitencia impuesta con rudeza genera servilismo e individuos sin identidad. Sin embargo, en el otro extremo, una educación permisiva favorece el irrespeto, el orgullo, la prepotencia y la falta de dominio propio exhibida por nuestros jóvenes hoy.

Reflexión final

Dentro del tema de honrar a los padres, consideramos que hay un punto más que debemos mencionar. Se trata de aquellos hijos que, aun cuando llegan a la edad adulta, se niegan a dejar el hogar y se convierten en una carga y un problema para los padres. Esto es frecuente en la actualidad. Es un nuevo fenómeno cultural que borra la línea entre adolescentes y adultos, y crea un nuevo estereotipo: el «adolescente». Son hijos adultos que se niegan a crecer y se comportan como chicos. A pesar de terminar sus estudios y poseer un empleo que provee para sus necesidades, no quieren asumir sus obligaciones porque les resulta más confortable depender de mamá y papá. Sin embargo, lo más interesante de esta posición es que esos jóvenes, aunque optan por permanecer en el hogar, no contribuyen, no aceptan la autoridad de los padres ni los obedecen. Son adolescentes para «depender de sus progenitores», pero son adultos para vivir «a su manera». No se casan para «no amarrarse», expresan algunos. Solo desean disfrutar en el ámbito social en que se desenvuelven y regresar al hogar de los padres a gozar de todos los beneficios que estos les ofrecen, pero sin que les saquen cuentas.

Vivimos en una cultura proteccionista y numerosos padres eligen mantener a los hijos bajo el ala como la gallina a sus polluelos. Por esa razón, muchos aceptan y disfrutan esta situación de convivencia. Sin embargo, es algo en extremo dañino tanto para unos como para otros. Cuando los padres han cumplido con la obligación de criar y educar a los hijos, estos precisan dejarlos descansar. No es justo que los progenitores continúen a cargo de ellos si ya son adultos. Eso es parte de la honra que se les debe. Eclesiastés 3:1 afirma: «Hay un tiempo señalado para todo, y hay un tiempo para cada suceso bajo el cielo». Los padres, después de entregar su vida para criar con amor a los hijos y ofrecerles educación, no deben sufrir las consecuencias de que, por una u otra razón, sus descendientes no manejen de forma adecuada la vida.

Aplicación personal

1. ¿Qué crees que se podría hacer para fomentar que los hijos valoren más a sus padres?

2. Si eres joven, piensa que un día llegarás a ser anciano si el Señor no te llama antes. ¿Cómo te gustaría que te trataran en los momentos de su vejez?

3. Examínate. ¿Tienes hijos? Los comportamientos que les exiges, ¿los has modelado para ellos? A la luz de lo que has leído, ¿crees que tienes algo que cambiar?

CAPÍTULO 10

EL INALIENABLE VALOR DE LA VIDA

No matarás.

ÉXODO 20:13

Sexto mandamiento

Cuando leemos la Palabra de Dios, vemos como al inicio nos encontramos con una expresión de vital importancia, en Génesis 1:26: «… Hagamos al hombre a nuestra imagen, conforme a nuestra semejanza…», algo que no leemos sobre los animales, ni siquiera sobre los ángeles. Si avanzamos un poco en la lectura del texto hasta Génesis 3, nos encontramos con la narración que describe la caída de la humanidad (el pecado de desobediencia de Adán y Eva). Desde ese momento, la humanidad entera quedó esclavizada al pecado. No obstante, incluso después de ese evento, el ser humano, ya caído, conservó la imagen de Dios (*imago Dei*) impresa en él, aunque ahora manchada por el pecado. En consecuencia, es fácil ver como el ser portador de la imagen de Dios es lo que otorga valor al ser humano. Esa es la razón por la que tan al principio de la Escritura, en Génesis 9:6, leemos: «El que derrame sangre de hombre, por el hombre su sangre será derramada, porque a imagen de Dios hizo Él al hombre». Todos los mandatos entregados por el Señor durante ese período corresponden a las llamadas leyes de la creación. Nunca han sido derogadas, pues, de hecho, después de Génesis 2 no hay más creación. Si no damos a la imagen de Dios el valor que Dios le otorga, nos avergonzaremos ante el mandato de Génesis 9:6 relacionado a la pena capital para aquellos que han cometido un homicidio. Hemos minimizado tanto el valor de la imagen de Dios que la mera idea de que alguien esté a favor de la pena de muerte nos parece descabellado o carente de misericordia.

Interpretación de este mandamiento

En el Evangelio de Mateo, donde aparece el «Sermón del monte», al llegar al capítulo 5:21-22, leemos: «Habéis oído que se dijo a los antepasados: "No matarás" y: "Cualquiera que cometa homicidio será culpable ante la corte". Pero yo os digo que todo aquel que esté enojado con su hermano será culpable ante la corte; y cualquiera que diga "Raca" a su hermano, será culpable delante de la corte suprema; y cualquiera que diga: "Idiota", será reo del infierno de fuego». La palabra «raca» hace referencia a *rêqâ* (necio, vano, insensato, cabeza hueca), relacionado con el hebreo *req* (vacío, un término de sumo menosprecio), de acuerdo con el *Diccionario expositivo de palabras del Antiguo y del Nuevo Testamento exhaustivo de Vine*. La idea detrás de esta expresión es que la misma ira que lleva a alguien a abusar verbalmente de su prójimo es la que pudiera «encenderse» tanto en un momento dado que pudiera llegar hasta el homicidio. La mejor ilustración de lo que acabamos de decir es la historia de Caín y Abel. En el Libro de Génesis, se explica que Dios no miró con agrado la ofrenda de Caín; entonces este «… se enojó mucho y su semblante se demudó» (Gén. 4:5). Algunos versículos más adelante (v. 8), se narra cómo Caín mató a su hermano Abel. Y siguió tan iracundo que Dios lo cuestiona y Caín responde a Dios airadamente: «Entonces el Señor dijo a Caín: ¿Dónde está tu hermano Abel? Y él respondió: No sé. ¿Soy yo acaso guardián de mi hermano?» (v. 9) ¿Qué precedió a este homicidio? Es manifiesto que la ira de Caín nubló su entendimiento.

El arranque de ira siempre está presente antes de un homicidio, salvo en aquellos casos en que algún padecimiento o patología impulsa a los seres humanos a cometer ese delito. La furia es en verdad traicionera. He escuchado a hijos que, aun cuando aman a sus padres, han sido capaces de desearles la muerte porque se han llenado de rabia a causa de una fuerte llamada de atención o ante un castigo severo impuesto por sus progenitores. Por esa razón, Jesús aplica el mandamiento no solo a la acción, sino también a la intención del corazón.

- **La letra de la ley**: no matar.

- **El espíritu de la ley**: la intención iracunda del corazón.

Este mandamiento: «No matarás», precisa ser analizado con gran cuidado y objetividad a la luz de la Biblia. La razón es que es uno de esos conceptos de gran controversia en la actualidad. Tal es el caso del aborto, la eutanasia, la pena capital y más recientemente la ideología de género. Todos estos casos están relacionados a la imagen de Dios en el hombre. Cuando rebajamos el valor que Dios da a Su imagen, terminamos abusando de ella y estas son algunas de las consecuencias con las que estamos lidiando hoy en día. A pesar de que estas prácticas violan la ley moral de Dios y las legislaciones de numerosos países, se llevan a cabo con la mayor impunidad.

El aborto a la luz del sexto mandamiento

Veamos lo que afirma el Salmo 139:13-16: «Porque tú formaste mis entrañas; me hiciste en el seno de mi madre. Te alabaré, porque asombrosa y maravillosamente he sido hecho; maravillosas son tus obras, y mi alma lo sabe muy bien. No estaba oculto de ti mi cuerpo, cuando en secreto fui formado, y entretejido en las profundidades de la tierra. Tus ojos vieron mi embrión, y en tu libro se escribieron todos los días que me fueron dados, cuando no existía ni uno solo de ellos». Este pasaje se refiere al embrión como una obra de Dios. Por ello deducimos con claridad que quien provoca un aborto destruye Su obra. Lo lamentable es que, aun dentro de los círculos cristianos, existe hoy una gran lucha para aceptar que el aborto no es una violación del sexto mandamiento. Algunos aluden que un feto aún no es un ser humano. Sin embargo, genetistas, como Jérôme Lejeune, quien descubrió el síndrome de Down, ha reconocido que al unirse el óvulo y el espermatozoide se forma un nuevo ser, cuya constitución humana y personal ya está definida. Al juntarse, estas células germinales forman lo que se llama cigoto, cuya información genética contiene, desde ese instante, hasta el color de los ojos y las huellas digitales de la nueva criatura. Esto constituye un indicativo de que en todo el mundo no existirá otro igual.

El nuevo ser se desarrolla con información genética diferente de sus progenitores y crece de acuerdo con las directrices que ese código genético le marca. Un gran número de personas hoy sostienen que la mujer es libre de hacer lo que desee con su cuerpo. Sin embargo, la información anterior nos indica que ese principio no es válido para el aborto porque, aunque el feto se desarrolla dentro del cuerpo de la madre, no es una parte más de su organismo. Por tanto, no tiene derecho a eliminarlo. Y si lo hace, asesina a un ser humano y se convierte en homicida.

Algunas de las posiciones más defendidas en el tema del aborto son los casos de violación e incesto. Sin embargo, se ha demostrado que solo un porcentaje mínimo de los abortos que se llevan a cabo son producto de violaciones (1 %) o de incesto (<0,5 %).[10] Aunque la violación es un pecado horrible, no corresponde a los seres humanos cometer un pecado para solucionar otro. Dios nunca aprobará que hagamos algo, aunque sea legal, si el medio que usamos es ilícito o

---

10. «Reasons U.S. Women Have Abortions: Quantitative and Qualitative Perspectives» [Razones por las que las mujeres de EE. UU. practican abortos: perspectivas cuantitativas y cualitativas], https://www.guttmacher.org/journals/psrh/2005/reasons-us-women-have-abortions-quantitative-and-qualitative-perspectives

inmoral. Además, resulta contradictorio que, en el caso de los abortos, en lugar de condenar al culpable se condene a muerte a la criatura inocente que no pidió estar en ese vientre ni que la trajeran al mundo.

En contraste, se ha comprobado que casi el 75 % de los abortos se realizan por decisión de las madres, ya sea por situaciones económicas, porque la nueva criatura interfiere en su realización personal o porque no desean ser madres solteras.[11] Esas razones resultan por completo egoístas. La mayoría de las mujeres que lo hacen llegan a arrepentirse y el recuerdo de haber matado a su propio hijo deja en ellas traumas profundos. Una de las heridas más difíciles de sanar que se observa con frecuencia en salones de consejería y en consultorios de psicólogos es el dolor de una madre por haber asesinado al hijo de sus entrañas. Es una llaga que sangra por largo tiempo en el corazón y que es en extremo difícil de cicatrizar. Gracias a Dios que Él, en Su inmensa misericordia, perdona todos nuestros pecados cuando ha ocurrido un verdadero arrepentimiento. Por esa gracia y compasión, numerosas mujeres han podido arrepentirse, venir a Sus pies y sentirse perdonadas y liberadas. Sin embargo, una mejor opción será evitar el aborto con todo lo que esta traumática experiencia conlleva.

Otra de las razones utilizadas para defender la práctica del aborto está constituida por las malformaciones congénitas. «¿Para qué traer al mundo a sufrir a un ser maltrecho?», señalan algunos. En contraposición a esto, Dios afirma: «… ¿Quién ha hecho la boca del hombre? ¿O quién hace al hombre mudo o sordo, con vista o ciego? ¿No soy yo, el Señor?» (Ex. 4:11). Es interesante observar que el Padre no se excusa por las malformaciones con las que nacen algunas personas. Él se hace responsable. Es como si dijera: «Yo lo hice así. Si tú quieres destruir mi obra, hazlo, pero ten presente que es mi obra. Lo creé con un propósito y sufrirás las consecuencias si atentas contra mi creación». Si la sociedad protegiera la vida de estos seres indefensos y mal formados, estaría demostrando que la imagen de

---

11. *Ibid.*

Dios es tan valiosa que aun las criaturas menos aptas para sobrevivir tienen un valor tal que nosotros, «los bien constituidos», nos responsabilizamos de su cuidado.

La eutanasia

La eutanasia es una acción u omisión que causa o acelera la muerte de un ser humano. La palabra «eutanasia» proviene de una raíz del idioma griego: *eú* que significa «bueno o bien» y *tánatos*, «muerte», es decir, muerte buena. Este concepto asume que la idea de quitarle la vida a otra persona para disminuir su dolor y sufrimiento es buena. Si lo único que importa es el pragmatismo del hombre, entonces terminaremos viviendo de una forma utilitarista donde la opinión del Creador de la vida no cuenta. Personas que han pasado por gran dolor y sufrimiento han hecho uso de su dolor para testificar a favor de su Creador. El dolor y el sufrimiento en las manos de Dios tienen propósito y significado.

En la mayoría de los casos, llegamos a la muerte por causa de una enfermedad incurable, un padecimiento severo, un accidente o por el deterioro total del organismo que ocurre en la vejez o como fruto de ciertas enfermedades. Respecto a este último, un gran número de personas entiende que no vale la pena soportarlo. Por ello, el egocentrismo y la prepotencia del ser humano los llevan a creer que pueden decidir el tiempo que vivirán y cuál debe ser el mejor final para su existencia. En consecuencia, han resuelto que en la vida no vale la pena sufrir.

Pero ¿qué expresa la Biblia sobre esto? En el Antiguo Testamento, algunos profetas devotos en momentos de angustia le pidieron a Dios que les quitara la vida. Lo hizo Moisés (Núm. 11:15), Elías (1 Rey. 19:4) y también Jonás (Jon. 4:3). Sin embargo, es interesante observar que ellos dejaron ese derecho en manos de Dios. No intentaron llevarlo a cabo por sí mismos. Otro dato interesante es que el Padre no concedió su petición. ¿Por qué? El Señor entiende, y así lo ha expresado en Su Palabra, que Él es el único con derecho a poner fin a una vida que ha creado, en el momento correcto. Solo Dios conoce el propósito de cada vida creada y el tiempo en que ese objetivo ya se ha cumplido.

Tipos de eutanasia

En la actualidad, podemos reconocer diferentes tipos de eutanasia. Veamos:

- **La eutanasia voluntaria**

Tiene lugar cuando el paciente acepta que concluya su vida porque tiene una enfermedad terminal demasiado dolorosa que no desea soportar más. Si entiende que ya no hay remedio para él, ese paciente firma un documento en que autoriza a otros a quitarle la vida.

- **La eutanasia involuntaria**

Se da cuando otros (médicos o familiares) por diferentes razones dan la aprobación para la eutanasia, que pudiera en algunos casos efectuarse aun en contra de la voluntad explícita del paciente.

- **La eutanasia no voluntaria**

Se da en casos de pacientes que están en coma o en un estado de inconsciencia. En esa situación no pueden rechazar ni aprobar ninguna decisión sobre su vida. Por ello, se afirma que no es voluntaria porque la persona no la pidió, pero tampoco es involuntaria porque no se negó.

- **La eutanasia activa**

Ocurre cuando la persona hace algo específico para terminar con su vida o alguien se toma el derecho de hacerlo. Algunos casos de ejemplo: la aplicación de altas dosis de un medicamento con el fin de provocarse un paro respiratorio o cardíaco o la administración de un veneno o cualquier otra sustancia que provoque la muerte.

- **La eutanasia pasiva**

Ocurre en pacientes afectados por enfermedades incurables que poseen un deterioro total de su organismo. Si a estas condiciones se añade que la persona tenga una edad avanzada que impida la recuperación, se permite a los médicos y a los familiares suspender el uso de medicamentos con el fin de dejar que la enfermedad continúe su curso natural. En esos casos, de modo general, al paciente se le mantiene el oxígeno si lo necesita para respirar y los calmantes para aliviar el sufrimiento, al igual que algún tipo de alimentación o hidratación. Así, su proceso final será menos doloroso para él y menos traumático para los familiares. Es decir, se permite que Dios disponga de la vida del ser humano enfermo.

Pero ¡atención! La misión del médico, aun si no es cristiano, será salvar las vidas, no destruirlas. Un doctor está sujeto no solo a la ética profesional, sino también a la ley de Dios escrita en la conciencia de cada ser humano (ver Rom. 2). El mayor problema que surge con la eutanasia es que en ella intervienen factores que pueden salirse de control. Sucede así por la tendencia del ser humano a la insensibilización de la conciencia que se produce, en la mayoría de los casos, a consecuencia de la práctica continua.

Para citar un ejemplo de lo anterior, en Alemania durante el gobierno de Hitler, se inició la práctica de eliminar pacientes con enfermedades crónicas por considerarlos personas improductivas y porque constituían una carga económica para el Estado. Al habituarse a este proceder, terminaron por asesinar a seres humanos sanos y fructíferos por el único motivo de no ser deseados por el régimen. Como resultado, más de seis millones de judíos fueron aniquilados. El problema radica en que la conciencia humana pierde su sensibilidad y, cuando eso ocurre, la persona es capaz de cometer el más horrendo de los crímenes sin sentir el menor remordimiento.

Así hemos llegado al punto que, en algunos países, la eutanasia ha sido legalizada aun en niños: Holanda fue el primer país en el año 2005[12] y Bélgica en el año 2014.[13] La ley en esas naciones aprueba este

---

12. Ronald Munson, ed. (2014). *Intervention and reflection: basic issues in bioethics* [Intervención y reflexión: cuestiones básicas en bioética] (Ed. concisa), Boston: Wadsworth/Cengage Learning, pp. 524–527. ISBN 978-1285071381.

13. Kasper Raus (1 de junio de 2016), «The Extension of Belgium's Euthanasia Law to Include Competent Minors» [«La ampliación de la ley sobre la eutanasia de Bélgica para incluir a menores competentes»], *Journal of Bioethical*

procedimiento para cualquier menor, que sea considerado con la capacidad de decidir y que recurrentemente pida la eutanasia.

Posibles consecuencias de la práctica de la eutanasia

- **Equivocaciones**

Podría darse el caso de un médico inescrupuloso, para quien realizar este procedimiento sea cuestión de rutina, que aplique la eutanasia a un paciente bajo su cuidado a consecuencia de una mala interpretación de las palabras del enfermo o de sus familiares. Eso constituye una verdadera tragedia porque, luego de provocar la muerte de un ser humano, no hay forma de volver atrás.

- **Negligencia o falta de ética**

En la actualidad, se requiere para los casos de eutanasia que otros profesionales de la salud, incluyendo de la salud mental, evalúen el caso y puedan dar su opinión al respecto. Un médico negligente, o con falta de ética profesional, o acostumbrado a previos casos de eutanasia, pudiera no tomarse el debido cuidado y no llevar acabo el procedimiento adecuadamente, con la consiguiente muerte del paciente. Al final, como siempre se ha dicho, «quien inventa la ley, inventa la trampa».

- **Falta de confianza entre el médico y el paciente**

Si me veo a mí mismo como un paciente, no creo que pudiera tener suficiente confianza en un médico que practique la eutanasia si él está a cargo de mi caso, sobre todo si mi enfermedad es de mucho cuidado. Menciono esto porque no sé hasta donde un médico desensibilizado por la eutanasia puede estar dispuesto a luchar por mi vida. O quizás simplemente asuma, en algún momento, que ya el esfuerzo no vale la pena y que, por consiguiente, el mejor curso de acción sea

Inquiry [Revista sobre investigación bioética] **13** (2): 305–315. doi:10.1007/s11673-016-9705-5. ISSN 1176-7529. PMID 26842904

hacer esfuerzos mínimos, cuando quizás, en un caso particular, todavía pueda haber esperanza de salvar mi vida.

• **Coerción**

En casos de familias no cristianas y sin principios éticos ni morales, podrían coercer al pariente enfermo para que acepte la eutanasia y, de esa forma, deje de sufrir. Lo triste es que, en un buen número de casos, los familiares solo buscan cobrar una herencia. También ocurre que las personas desean quitarse ese problema de encima.

La pena capital

El precepto de no matar, aun cuando es un mandato que prohíbe quitarle la vida a un ser humano, no es absoluto porque la pena de muerte instaurada en la Escritura se mantiene hasta el día de hoy (Gén. 9:6). Tal como explicamos en la introducción de este capítulo, el Señor entiende que quien tome la vida de otra persona voluntariamente debe pagar con su propia vida porque atentó contra la imagen de Dios *(imago Dei)* impresa en ese ser humano.

Puntualizamos la afirmación de Génesis 9:6: «El que derrame sangre de hombre, por el hombre su sangre será derramada, porque a imagen de Dios hizo Él al hombre». Sin embargo, en la Palabra, Dios muestra que ese mandato no debe ejecutarse de forma indiscriminada. En Deuteronomio 19, leemos la narración sobre cómo el Señor instruyó a Moisés para construir varias ciudades de refugio. El propósito de esas ciudades era ofrecer protección a todo aquel que cometiera un homicidio involuntario hasta que se determinara su culpabilidad o inocencia en el incidente.

Dios delegó a los ancianos de la ciudad de Israel el juicio a los acusados. Ellos eran los encargados de aprobar o rechazar la condena (Deut. 19:11-13). Cuando la persona que cometía un homicidio se refugiaba en una de esas ciudades, si resultaba inocente, era protegida por los ancianos. Dios instituyó estos sitios con el propósito de proteger a quienes estuvieran libres de culpa porque

Él conoce que el corazón humano, corrompido por el pecado, alberga sentimientos de venganza, en numerosas ocasiones, infundados. Sin embargo, es manifiesto que la pena capital está vigente.

La aplicación correcta de la pena capital

De igual manera, en la actualidad nadie puede ejercer de manera personal la justicia que le corresponde aplicar a las autoridades delegadas por Dios. La pena capital debe ser llevada a cabo dentro de un contexto determinado. Hay que diferenciar el derecho del Estado del individual.

En Romanos 13:1-4 Dios establece: «Sométase toda persona a las autoridades que gobiernan; porque no hay autoridad sino de Dios, y las que existen, por Dios son constituidas. Por consiguiente, el que resiste a la autoridad, a lo ordenado por Dios se ha opuesto; y los que se han opuesto, sobre sí recibirán condenación. Porque los gobernantes no son motivo de temor para los de buena conducta, sino para el que hace el mal. ¿Deseas, pues, no temer a la autoridad? Haz lo bueno y tendrás elogios de ella, pues es para ti un ministro de Dios para bien. Pero si haces lo malo, teme; porque no en vano lleva la espada, pues ministro es de Dios, un vengador que castiga al que practica lo malo». De esta manera, el Estado es un instrumento de Dios a quien Él llama «vengador de mi justicia». A las naciones que instituyeron como ley la pena capital para juzgar a quienes asesinan a otros seres humanos con intención, el Señor no las condena. Tal como se explica, los gobiernos son instrumentos de Dios para hacer justicia. No corresponde al individuo ejercerla por su propia mano. Esa es labor del Estado como representante de Dios.

Para numerosos cristianos y no cristianos, resulta difícil aceptar que Dios sea capaz de aprobar una ejecución. Quienes piensan así se apoyan solo en la gracia y la misericordia de Dios, pero dejan a un lado Su santidad y Su justicia. Esa es una aplicación por completo incorrecta de los atributos de Dios. En cambio, los que están a favor de la pena capital para aquellos que han derramado la sangre del ser humano se basan en un principio establecido por Dios para custodiar Su imagen *(imago Dei)*, que está en el ser humano.

Las diferentes maneras de matar

En el Nuevo Testamento, Jesús explicó con excelencia el espíritu de este mandamiento y lo interpretó de modo acertado cuando expresó: «Habéis oído que se dijo a los antepasados: "No MATARÁS" y: "Cualquiera que cometa homicidio será culpable ante la corte". Pero yo os digo que todo aquel que esté enojado con su hermano será culpable ante la corte; y cualquiera que diga: "Raca" a su hermano, será culpable delante de la corte suprema; y cualquiera que diga: "Idiota", será reo del infierno de fuego» (Mat. 5:21-22). En este pasaje Jesús aclara que matar no se refiere solo al homicidio, sino que incluye también las intenciones y las emociones detrás de cada homicidio, como ya aludimos. «El sexto mandamiento no solamente prohíbe actos violentos de homicidios, sino también intenciones y emociones del corazón (Mat. 5:21-26). Tú y yo podemos estar 100 % libres de homicidios y todavía enfrentar la ira de Dios si nuestra vida está marcada por la ira, el resentimiento, la invectiva, los insultos y la furia».[14]

Existen diferentes maneras de cometer un asesinato. Si analizamos la sociedad de hoy a la luz de esas palabras de Jesús, nos damos cuenta de que, en verdad, son numerosas las formas en que se viola el sexto mandamiento y que se hace con mayor frecuencia de la que habríamos imaginado.

Reflexión final

El famoso comediante mexicano Mario Moreno (Cantinflas, 1911-1993) en una de sus películas titulada *Su Excelencia*, como parte de un

---

14. Kevin DeYoung, *The 10 Commandments* [Los Diez Mandamientos] (Wheaton: Crossway, 2018), 103.

discurso que pronunció ante la que en la película representaba la Organización de las Naciones Unidas (ONU), dijo estas palabras: «Estamos ante un gran enemigo: el hombre ignorante y testarudo que no quiere entender el mensaje del carpintero humilde de Galilea que murió en la cruz, o si lo entendió lo entendió mal. El nazareno dijo: "Amaos los unos a los otros", y el hombre entendió "armaos los unos contra los otros"». Esto, por tratarse de Cantinflas, puede parecernos sumamente gracioso, ¡una típica *cantinflada*! Sin embargo, no hemos escuchado en la vida nada más cierto. Esas palabras revelan una verdad histórica. Y es que, desde el principio de la humanidad, el ser humano, creado por Dios para vivir en armonía, ha preferido una coexistencia bélica en la que se agreden y se matan unos a otros. Desde el inicio de la historia bíblica (Génesis), vemos el homicidio presente en la raza humana: Caín mata a su hermano Abel. Cada día las naciones gastan más dinero y energía en la producción de artefactos de guerra más sofisticados con el fin de eliminar a quienes ellos llaman sus enemigos.

Es posible que quienes lean esto ahora piensen en los grandes conflictos internacionales. Pero ¿olvidamos los enfrentamientos que rodean a la familia y la sociedad? Cada día los crímenes aumentan y, en contraste, hay más personas armadas para defenderse de los criminales. Santiago 4:1-2 expresa: «¿De dónde vienen las guerras y los conflictos entre vosotros? ¿No vienen de vuestras pasiones que combaten en vuestros miembros? Codiciáis y no tenéis, por eso cometéis homicidio…».

Es lamentable reconocer que estas cosas no terminarán porque la envidia, el orgullo, la prepotencia, el egoísmo y la codicia que hay en el corazón del ser humano lo inclinan hacia el mal. Los cristianos debemos examinarnos. En numerosas ocasiones, actuamos igual que el mundo sin Cristo y, peor aún, no nos preocupamos por ofrecer una recta enseñanza a nuestras familias. No instruimos a nuestros hijos para abstenerse de ofender, pero sí les enseñamos a defenderse de los agravios. Nuestros muchachos pasan una gran parte de su tiempo delante del televisor, el celular o una tableta. En estos dispositivos ven películas que los entrenan para matar y luego nos horrorizamos cuando oímos las estadísticas de muerte. Clamamos por una sociedad en que se pueda vivir en paz, pero no queremos aportar nuestra cuota de sacrificio.

Aplicación personal

1. De las diferentes formas de matar que tratamos en este capítulo, ¿con cuál te has sentido más confrontado?

2. ¿Qué le dirías a una joven que se te acerque para decirte que está embarazada y quiere abortar? ¿Cuál es tu base bíblica para ayudarla?

3. ¿Qué piensas de la eutanasia en sus diferentes formas explicadas más arriba?

CAPÍTULO 11

LAS CONSECUENCIAS DEL ADULTERIO

No cometerás adulterio.

ÉXODO 20:14

Séptimo mandamiento

En la historia del pueblo de Israel, hubo tiempos dramáticos, innumerables momentos de adulterio espiritual en que la nación traicionaba a Dios, se iba tras otros dioses y se olvidaba de quien los había sacado de la esclavitud de Egipto. Hubo también episodios personales sumamente dolorosos relacionados con hombres a quienes Dios se había revelado y luego lo traicionaron, tal es el caso de Aarón. Pero uno de los episodios más oscuros que se registra es el adulterio físico cometido por el rey David. Este hombre, mencionado en la Biblia como un hombre conforme al corazón de Dios (Hech. 13:22), terminó traicionando su relación con el Señor. Cometió adulterio con Betsabé, la esposa del soldado Urías, y producto de esa transgresión ella quedó embarazada. David creyó que podía esconder su pecado al pueblo. Tuvo el coraje de mandar a colocar a Urías al frente de batalla con la intención expresa de que lo mataran. Lo más triste de esta historia es que él creyó que también podía ocultar su pecado al Señor.

La Biblia señala en 2 Samuel 11:1-4 que, en un tiempo crucial, en el que David debía estar al frente de la batalla, este decidió quedarse en Jerusalén. La consecuencia de ese incumplimiento de su obligación fue el adulterio que cometió. Cuando se paseaba por la terraza de su casa, vio que Betsabé se bañaba y no tuvo la fortaleza para resistir la tentación. La mandó a buscar y adulteró con ella. No contaremos toda la historia, pero puedes leer la transgresión de David en 2 Samuel 11. Si el rey hubiera estado en el lugar que le correspondía en ese momento, no se hubiera expuesto a esa tentación.

El rey David recibió la tentación por sus ojos, pero el deseo estaba en su corazón. Si el pecado satura la mente y atrapa el corazón del ser humano, este es capaz de cometer la peor de las violaciones sin tener en cuenta las consecuencias que pueda acarrearle. Eso le aconteció a David. Es cierto que luego se arrepintió, el Señor lo perdonó y aún fue un varón de Dios. Pero tuvo que sufrir las consecuencias. Podemos escoger nuestro pecado, pero Dios escoge las consecuencias.

Las terribles consecuencias del adulterio de David

Dios no solo sancionó a David con el dolor de ver que el hijo del adulterio no viviera (2 Sam. 12:14), sino que también el rey presenció la ruina de su familia, que sufrió un completo descalabro. Sus hijos experimentaron una trágica relación entre ellos y con su padre. Amnón violó a su hermana Tamar y, en venganza, Absalón mandó a asesinar a su hermano Amnón. Además, Absalón levantó al pueblo en contra de su padre David para usurparle el trono. Por esa razón, el rey tuvo que huir y esconderse para evitar que su propio hijo lo eliminara. ¡Cuánta tragedia en la familia de un hombre a quien Dios amaba tanto! (Ver los detalles en 2 Sam. 12-15).

Sin embargo, ahí no termina todo. Cuando su hijo Salomón dirigió el reino, copió el pecado de adulterio de su padre. En 1 Reyes 11:1-3 leemos que: «… el rey Salomón, además de la hija de faraón, amó a muchas mujeres extranjeras, moabitas, amonitas, edomitas, sidonias e hititas, de las naciones acerca de las cuales el SEÑOR había dicho a los hijos de Israel: No os uniréis a ellas, ni ellas se unirán a vosotros, porque ciertamente desviarán vuestro corazón tras sus dioses. Pero

Salomón se apegó a ellas con amor. Y tuvo setecientas mujeres que eran princesas y trescientas concubinas, y sus mujeres desviaron su corazón». Como es de esperarse, todo el pueblo siguió su mal ejemplo. El rebaño sigue el camino del líder. Entre las tribus paganas, a los hombres no les importaba dejar a sus mujeres para irse a tener relaciones con prostitutas, aun si estas tenían otras creencias. Ellos festejaban y terminaban muchas veces en grandes orgías. Este desenfreno contaminó al pueblo hebreo. De ese modo, la fe de la nación, que había sido fundada sobre la ley de Dios, se corrompió en la mayor medida de su historia, y su relación exclusiva con el Señor se perdió. Con frecuencia el ser humano no tiene en cuenta que las garras del pecado son demasiado largas y siempre llegan más allá de lo que pensamos.

Aquí podría surgir una pregunta. Entonces, si el adulterio es tan grave, ¿es un pecado imperdonable? Por supuesto que no; la Biblia establece que el único pecado imperdonable es la blasfemia contra el Espíritu Santo (Mat. 12:31). En el adulterio, Dios concede al cónyuge ofendido el derecho de perdonar y continuar con su pareja si así lo siente en su corazón. Desde luego, debe mediar el arrepentimiento sincero de parte del ofensor. En caso contrario, se profanaría el matrimonio, una unión que para Dios es sagrada. Sin embargo, el Señor considera el adulterio como un pecado tan grave que, aunque detesta el divorcio (Mal. 2:16), es capaz de aprobarlo cuando se comete esta transgresión (Mat. 5:32), aunque la meta siempre debiera ser la restauración, antes de acudir a la separación definitiva.

Para aquellos que pecaron de esta manera en el pasado o en el presente, es bueno recordar que nuestro Dios es un Dios redentor y es capaz de redimir el pecado de adulterio y a los adúlteros mismos. Estos dos pasajes que siguen nos permiten ver la gracia y la misericordia hacia el pecador:

Si decimos que no tenemos pecado, nos engañamos a nosotros mismos y la verdad no está en nosotros. Si confesamos nuestros pecados, Él es fiel y justo para perdonarnos los pecados y para limpiarnos de toda maldad (1 Jn. 1:8-9).

Entonces me mostró al sumo sacerdote Josué, que estaba delante del ángel del SEÑOR; y Satanás estaba a su derecha para acusarlo. Y el ángel del SEÑOR dijo a Satanás: El SEÑOR te reprenda, Satanás. Repréndate el SEÑOR que ha escogido a Jerusalén. ¿No es éste un tizón arrebatado del fuego? Y Josué estaba vestido de ropas sucias, en pie delante del ángel. Y este habló, y dijo a los que estaban delante de él: Quitadle las ropas sucias. Y a él le dijo: Mira, he quitado de ti tu iniquidad y te vestiré de ropas de gala (Zac. 3:1-4).

Las ropas sucias eran representativas del pecado de Josué, el sumo sacerdote en ese tiempo, y las ropas de gala representaban su nuevo estatus ante Dios después de haber sido perdonado. Quien lo defendió es el ángel del Señor, que es presentado como una aparición del Cristo en su preencarnación. El mismo Cristo que Juan califica como nuestro abogado defensor en 1 Juan 2:1.

El concepto de Dios sobre el matrimonio

La palabra que se usa en el idioma hebreo para referirse al matrimonio es *kiddushin,* que significa «consagración del uno para el otro». Esta fue la idea original de Dios para el matrimonio: formar de la pareja una sola carne (Gén. 2:24). Él espera que la unión de dos seres humanos en matrimonio sea indisoluble, respetada y mantenida para toda la vida a pesar de los desacuerdos, los problemas, las enfermedades y los conflictos que surjan. Jesús afirma en Mateo 19:6: «Por consiguiente, ya no son dos, sino una sola carne. Por tanto, lo que Dios ha unido, ningún hombre lo separe». Al contraer matrimonio, dos personas hacen un voto delante de Dios, de fidelidad, permanencia, pertenencia y compromiso. Si uno de ellos comete adulterio, falta a la palabra empeñada con el Señor y con su cónyuge.

En el principio, Dios creó una mujer para un hombre (Eva para Adán). No le creó dos mujeres a este primer varón. Más adelante, entre sus descendientes, se produjeron uniones familiares porque esa era la forma de poblar el mundo. Sin embargo, en ninguna parte de la Biblia encontramos que Adán tuviera otra mujer que no fuera la que Dios le dio. El primer hombre que según la Biblia tomó dos mujeres para sí fue Lamec (Gén. 4:19). Hasta ese momento, la poligamia no existía, lo cual nos indica que no formó parte del diseño de Dios en el principio de la creación. Tener más de una pareja es cometer adulterio, y en el Libro de Levítico 20:10, Dios establece penas severas para quienes cometen este pecado: «Si un hombre comete adulterio con la mujer de otro hombre, (que cometa adulterio con la mujer de su prójimo), el adúltero y la adúltera ciertamente han de morir». Así lo instituyó Dios en el Antiguo Testamento porque considera sumamente grave que se viole este mandato.

El matrimonio es tan sagrado para Dios que, en el Nuevo Testamento, en el Libro de Efesios, Dios compara el vínculo matrimonial con la relación que Cristo tiene con Su Iglesia. Además, aclara que Él se dio a sí mismo por ella (Ef. 5:25). Más adelante, respecto a esta unión, en Efesios 5:32, afirma que: «Grande es este misterio…». Ese pacto sagrado de permanencia y pertenencia mutua que realizan un hombre y una mujer delante de Dios posee el mismo valor si acontece en una iglesia ante un sacerdote o un pastor o si se efectúa ante un juez civil. Ambos son autoridades delegadas de Dios para realizar esta ceremonia. Violar ese pacto es burlarse del Señor.

En algunas culturas, se entiende que el matrimonio realizado en una iglesia es más importante que el llamado matrimonio por la ley. Esta idea no parte de la Biblia porque el casamiento fue instituido por Dios en el momento de la creación cuando solo estaban ante Él, Adán y Eva. En el pueblo judío, los sacerdotes no oficiaban bodas, los profetas nunca casaron y los apóstoles tampoco. Por otro lado, la Escritura menciona que Jesús asistió a una boda y lo hizo como invitado, no para realizarla. Por tanto, la Iglesia, como pueblo de Dios, comprende que el matrimonio civil es una situación de orden frente a la sociedad sin importar ante qué autoridad oficial se haya realizado. Por tanto, debe ser aceptado como bueno y válido, respetado y mantenido.

La Biblia indica en Romanos 13:1: «Sométase toda persona a las autoridades que gobiernan; porque no hay autoridad sino de Dios, y las que existen, por Dios son constituidas». De esta manera, la ceremonia de matrimonio realizada ante un juez civil es tan válida como aquella que se hace delante de un sacerdote o un pastor. Ahora bien, si una pareja cristiana va a contraer nupcias, es razonable que desee hacerlo en su iglesia y ante su comunidad como testigo; pero eso no le otorga mayor valor a la unión. Hasta que el matrimonio no sea registrado en la jurisdicción legal correspondiente, no tiene valor social. El pacto de bodas pertenece a las leyes de la creación que, como ya hemos mencionado, no han sido derogadas. Queremos enfatizar que el diseño de Dios para el matrimonio es que se mantenga el compromiso con este pacto de unión hasta que la muerte los separe.

El adulterio en la cultura judía y en la moderna

El pueblo de Israel tenía un entendimiento parcial del adulterio. La cultura judía, altamente machista, definía el adulterio según el estado civil de la mujer y no del hombre, pero esto era contrario a la revelación de Dios, según vemos en Deuteronomio 22:23-25:

Si hay una joven virgen que está comprometida a un hombre, y otro hombre la encuentra en la ciudad y se acuesta con ella, entonces llevaréis a los dos a la puerta de esa ciudad y los apedrearéis hasta que mueran; la joven, porque no dio voces en la ciudad, y el hombre, porque ha violado a la mujer de su prójimo; así quitarás el mal de en medio de ti. Pero si el hombre encuentra en el campo a la joven que está comprometida, y el hombre la fuerza y se acuesta con ella; entonces morirá sólo el que se acuesta con ella.

En el texto anterior, la joven virgen aún no estaba casada, pero estaba comprometida a un hombre. Ese estado era considerado igual que el estado de matrimonio y, por tanto, la acción descrita era condenada como un adulterio y, en consecuencia, el hombre debía morir juntamente con la mujer. Esto nos permite ver que Dios nunca consideró al hombre libre de culpa si este hacía uso de la mujer de otro.

El adulterio para el pueblo hebreo se refería a un hombre, casado o soltero, que tenía relaciones con una mujer casada. La razón primordial para esto era que este hombre estaba tomando posesión de la mujer que le pertenecía a otro hombre. La sociedad judía no tenía una percepción correcta del valor de la mujer y se les daba muy poca importancia. Este pensamiento errado llevo al pueblo a pensar que, si un hombre casado tomaba una mujer soltera, no estaba cometiendo adulterio. Esto es ilustrado en Abraham, que tomó a Agar, o en Salomón, que tuvo mil mujeres; en la mentalidad judía, ninguno estaba cometiendo adulterio. Dios nunca aprobó estas acciones.

En Malaquías 2:13-14, Dios expresa su descontento con esta forma de actuar de los hombres de Israel:

> *Y esta otra cosa hacéis: cubrís el altar del* Señor *de lágrimas, llantos y gemidos, porque El ya no mira la ofrenda ni la acepta con agrado de vuestra mano. Y vosotros decís: «¿Por qué?». Porque el* Señor *ha sido testigo entre tú y la mujer de tu juventud, contra la cual has obrado deslealmente, aunque ella es tu compañera y la mujer de tu pacto.*

Dios nunca consideró aceptable que los hombres fueran infieles a sus mujeres, aun tomando otras mujeres que fueran vírgenes. Esto fue tan serio para Dios que Él dejó de escuchar las oraciones y de aceptar los sacrificios del pueblo porque los hombres le habían sido infieles a sus esposas. En Levítico 20:10, Dios expresó: «Si un hombre comete adulterio con la mujer de otro hombre, (que cometa adulterio con la mujer de su prójimo), el adúltero y la adúltera ciertamente han de morir». La culpabilidad caía sobre ambos.

En Juan 8, encontramos la historia de la mujer que fue sorprendida en adulterio y llevada delante de Jesús. El contexto señala que la trajeron para tenderle una trampa a Jesús. Solo trajeron a la mujer: si la mujer fue encontrada en adulterio debieron haber traído al hombre también; esto era parte de la trampa. Jesús comienza a escribir en la tierra y les responde: «El que de vosotros esté sin pecado, sea el primero en tirarle una piedra». Aunque no se sabe qué estaba escribiendo Jesús, es posible imaginarse la expresión en el rostro de los acusadores al ver que quizás Jesús escribía los nombres de mujeres con las que estos hombres habían cometido adulterio, incluso si hubieran sido solteras esas mujeres. Todos los acusadores se fueron y Jesús mostró Su gracia y Su misericordia con esta mujer al decirle: «Yo tampoco te condeno. Vete; desde ahora no peques más».

El pueblo tendía a malinterpretar la ley para su propio beneficio. Eran parte de una cultura altamente machista que daba poco valor a la mujer, quien era tratada solo como un objeto de propiedad de su marido. En consecuencia, los hombres sentían que poseían el derecho de divorciarse y abandonarlas por el motivo que se les ocurriera. Por esa razón, en el Nuevo Testamento, cuando Jesús predicó el Sermón del monte y mencionó el adulterio y el divorcio, en Mateo 5:32, afirmó que todo el que repudie a su mujer a no ser por causa de infidelidad provoca que ella cometa adulterio. La mujer que era repudiada por su marido y quedaba desamparada se constituía en objeto de burla y de abuso por parte de los demás hombres. Esto promovía que muchas de ellas se prostituyeran para sobrevivir.

Sin intención de generalizar, sabemos que historias parecidas a estas ocurren en la actualidad. Algunas mujeres divorciadas desarrollan una baja autoestima o sufren depresión por sentirse desatendidas por su pareja. Otras, en cambio, adoptan una postura de excesiva libertad para demostrarles a todos que el divorcio no les ha afectado. Esta actitud puede contribuir a que los hombres no las respeten y a que incurran en pecado con mayor facilidad. En cambio, otras mujeres cristianas, después de sufrir la experiencia del divorcio por adulterio del esposo o por abandono, han decidido vivir su vida de soltería para la gloria de Dios. En estos dos casos, entendemos que el cónyuge inocente queda en libertad para volver a casarse. Jesús nunca ha estado de acuerdo con el maltrato a la mujer en ninguna cultura, ni antigua ni moderna. Esto es porque, ante los ojos de Dios, los dos sexos fueron creados en igualdad de condiciones. Ambos tienen Su imagen impresa en ellos. Por eso, no hay diferencia. El Señor estableció entre el hombre y la mujer diferencia de roles, pero no de valores.

El matrimonio de Dios con Israel

Dios utiliza el matrimonio para ilustrar su relación con Israel; así mismo, utilizó el adulterio para ilustrar la infidelidad de Israel hacia el pacto hecho con Dios. Dios se casó con la nación de Israel y habla de la nación de Israel como una esposa para Él. Dios consideraba como adulterio espiritual contra Él que la nación de Israel fuera detrás de otros dioses. Esta queja de Dios es claramente expresada en el libro del profeta Jeremías. Él es el último profeta que vivió antes de que Israel se fuera al destierro a Babilonia. Cuando Israel fue llevado cautivo a Babilonia, Jeremías es dejado en Jerusalén y llora cuando ve la desolación que había sufrido el pueblo; es por esto que este profeta es conocido como «el profeta llorón». Dios dice en Jeremías 3:7-8:

> *Y me dije: «Después que ella haya hecho todas estas cosas, volverá a mí [Israel]»; mas no regresó, y lo vio su pérfida hermana Judá. Y vio que a causa de todos los adulterios de la infiel Israel, yo la había despedido, dándole carta de divorcio; con todo, su pérfida hermana Judá no tuvo temor, sino que ella también fue y se hizo ramera.*

Este pasaje se refiere a la conquista de las diez tribus de Israel por parte de Asiria en el 722 a.C. Luego de 150 años de esta conquista y de haber visto las consecuencias del pecado, Dios espera que Judá se arrepienta de sus pecados, pero no lo hace. Entonces, Dios le da carta de divorcio: Judá es invadida por los babilonios y es llevada al cautiverio. Estas son ilustraciones que muestran lo en serio que Dios toma esa violación al pacto del matrimonio: el adulterio.

Diferentes tipos de adulterio

- **La letra de la ley:** no cometer adulterio.

- **El espíritu de la ley:** considerar la actitud mental o el deseo malsano de la mente y el corazón de la persona en relación con esta prohibición.

Dios conoce el corazón del ser humano; sabe cuándo y cómo se mueven sus emociones y sus intenciones. En el Libro de Jeremías 17:9 leemos: «Más engañoso que todo, es el corazón, y sin remedio; ¿quién lo comprenderá?». Y en el versículo 10 agrega: «Yo, el SEÑOR, escudriño el corazón, pruebo los pensamientos, para dar a cada uno según sus caminos, según el fruto de sus obras». El Señor entiende que el pecado de adulterio ocurre desde el momento en que un hombre mira a una mujer (casada o soltera) con codicia o una mujer hace lo mismo con un varón. Él sabe que si ellos no cometen el acto sexual es porque no tienen la oportunidad, pero en el fondo de su corazón lo desean. Entonces, de presentarse la ocasión lo harían sin detenerse a pensar si pecan o no contra el Señor. Es cierto que la letra de la ley en este séptimo mandamiento se refiere al acto físico, pero en las emociones humanas acontecen diferentes tipos de adulterio que también son pecados y contaminan la relación de la pareja. Es bueno analizar algunos. Veamos:

- **El adulterio mental o espiritual**

Por supuesto, este tipo de adulterio no tiene las mismas consecuencias que el adulterio físico porque no viola la santidad del cuerpo del cónyuge, no representa una afrenta para la unión ni expone a la pareja al contagio de enfermedades de transmisión sexual. Aun así,

Dios lo considera pecado. Con frecuencia, la infidelidad mental es el comienzo de la erosión del matrimonio.

En el Nuevo Testamento, Jesús se refiere al adulterio de una manera más amplia: «Pero yo os digo que todo el que mire a una mujer para codiciarla ya cometió adulterio con ella en su corazón» (Mat. 5:28). Entonces, aun si el adulterio físico no llegara a consumarse, si es un deseo consentido que la persona alimenta en su corazón, Dios lo considera adulterio. No se refiere, por supuesto, a la tentación inicial que experimenta un ser humano al sentirse atraído por alguien. Al rechazar en el acto ese pensamiento o esa oportunidad, no pasa de ser una tentación. Por tanto, no constituye pecado. Se considera adulterio cuando la persona que siente atracción hacia otra mantiene y alimenta ese deseo en su mente, le da rienda suelta a su imaginación y llega a desear la consumación del acto. En ese caso, estamos ante un adulterio mental; podría llamárselo también adulterio espiritual porque es consentido espiritualmente.

- **El adulterio emocional**

Este tipo de adulterio se produce en el área de las emociones. Se inicia al compartir sentimientos e intimidades con una persona que no es el cónyuge. Por lo general, se da por etapas. Es frecuente que se origine entre dos individuos que se conocen con anterioridad o que mantuvieron alguna relación. De igual forma, puede ocurrir entre quienes existe una gran confianza. Entonces, puede cumplir los siguientes pasos:

1. Se busca a la otra persona que no es el cónyuge por la relación o la confianza que existe entre los dos y porque disfrutan de la conversación y la compañía. Si se trata de individuos que han tenido una relación anterior, es común que se inicie con alguna comunicación previa, posiblemente sin mala intención; solo recuerdan viejos tiempos y comparten intimidades.

2. La continuidad de la relación permite que se convierta en algo más cercano. Se producen encuentros físicos y se inicia un cruce de correos y regalos.
3. Cuando se presenta la oportunidad, en algún momento de debilidad emocional se consuma el hecho físico.

En este sentido, es bueno aclarar que, aun si el acto físico no llegara a consumarse, Dios lo ve como pecado de adulterio porque viola el principio de confidencialidad, entrega mutua y compromiso realizado con su cónyuge. El ser humano posee un área emocional íntima que debe reservarse y compartirse únicamente con la persona que el Señor le ha entregado como esposo o esposa.

Este tipo de adulterio se trata con frecuencia en las consejerías. Si una mujer (también podría ser un hombre), tiene baja autoestima, complejos o se siente desatendida, maltratada y rechazada por su esposo, tiende a buscar el apoyo que no posee en alguien más que la comprenda y eleve su amor propio. Este suele ser el primer paso en el establecimiento de una relación adúltera. La cercanía provoca que una de las personas implicadas en el romance prohibido se vuelva imprescindible en la vida de la otra. Cuando eso ocurre se toman decisiones que en principio nunca se consideraron.

Y es pecado tanto para el varón como para la mujer. Dios juzga el adulterio como una transgresión grave. En el Antiguo Testamento ordenó la misma pena para el adúltero que para el homicida: «Si se encuentra a un hombre acostado con una mujer casada, los dos morirán, el hombre que se acostó con la mujer, y la mujer...» (Deut. 22:22).

En algunas culturas machistas en que los varones se toman derechos que Dios nunca les ha otorgado, se ha querido exonerar al varón de este pecado. No olvidemos que, a pesar de que Eva inició la desobediencia en el Jardín de Edén, Dios impuso primero el castigo a Adán y luego a ella (Gén. 3:9). Él era la cabeza, el responsable de cuidar de la mujer y también de mantener el orden y la obediencia en toda la creación.

Es afortunado que Jesús haya pagado por las transgresiones de quienes venimos a Él arrepentidos. Por esa razón, en el Nuevo

Testamento, el pecado de adulterio no se castiga con la muerte como en la ley. Así, cuando un adúltero confiesa su pecado de corazón y se arrepiente, Dios perdona a ese pecador. Es un mal contra el que debemos luchar porque sus consecuencias son sumamente dañinas, no solo para las parejas implicadas, sino también para las familias y la sociedad.

La gravedad del adulterio

El adulterio es grave en todos los sentidos. Es importante entender que al cometerlo no solo se viola el séptimo mandamiento, sino que también se quebrantan otros mandatos. Así mismo, se transgreden los principios morales de la sociedad. Por ejemplo, el adulterio implica también lo siguiente:

a) **Viola el tercer mandamiento: «No tomarás el nombre del Señor tu Dios en vano…» (Ex. 20:7).**

Al contraer matrimonio, la pareja hace un pacto de fidelidad delante de Dios. Si uno de los dos comete adulterio, viola ese pacto y quebranta la imagen de Dios que está en el otro cónyuge. Por tanto, transgrede el tercer mandamiento. Aun en los casos donde el matrimonio haya ocurrido entre incrédulos, Dios estuvo presente en esa relación como el testigo universal.

b) **Viola el quinto mandamiento: «Honra a tu padre y a tu madre…» (Ex. 20:12).**

El adúltero deshonra a los padres porque no existe nada más vergonzoso para un padre o una madre que saber que un hijo o hija fue descubierto en adulterio, aun si esos progenitores no son cristianos. Esto es así porque la sociedad los repudia, los señala y, en numerosas ocasiones, los rechaza. Quizás esto ocurra menos hoy en vista de cuán desensibilizada está nuestra sociedad al pecado debido a la ausencia de valores morales en este tiempo posmoderno en el que vivimos.

c) **Viola el octavo mandamiento: «No hurtarás» (Ex. 20:15).**

El que comete adulterio roba el cónyuge a alguien más. Es así en los casos en que la otra persona sea casada. Sin embargo, aun si no lo fuera, roba la paz de los hijos (si los hubiera) y de las familias de los implicados en el problema. Obviamente este no es el robo tradicional al que se refiere el mandamiento en la letra de la ley; pero, si una persona termina con el cónyuge del otro, ese es una especie de robo porque se ha «llevado algo ajeno» y lo ha hecho su propiedad.

d) **Viola el noveno mandamiento: «No darás falso testimonio contra tu prójimo»,** traducido en la versión DHH como **«No digas mentiras en perjuicio de tu prójimo» (Ex. 20:16).**

Cuando alguien entra en una relación ilícita comienza a mentir. Luego, se halla envuelta en continuas mentiras que se acumulan unas sobre otras con el propósito de esconder esa relación a su pareja, a sus hijos (si los tiene), a sus amigos e incluso a la sociedad.

e) **Viola el décimo mandamiento: «No codiciarás la casa de tu prójimo; no codiciarás la mujer de tu prójimo, ni su siervo, ni su sierva, ni su buey, ni su asno, ni nada que sea de tu prójimo» (Ex. 20:17).**

Esta violación es fácil de ver porque cada persona que ha adulterado con alguien casado ha codiciado primero el cónyuge de otra persona. Se entiende que cada persona casada pertenece a su cónyuge y, por tanto, nadie tiene el derecho de poner sus ojos sobre él o sobre ella.

El adulterio viola el séptimo, el tercero, el quinto, el octavo, el noveno y el décimo mandamiento. También viola la imagen de Dios en ambos. Además de todo esto, el adulterio viola «el grande y primer mandamiento» que Jesús dio: «... AMARÁS AL SEÑOR TU DIOS CON TODO TU CORAZÓN, Y CON TODA TU ALMA, Y CON TODA TU MENTE» (Mat. 22:37). Si una persona amara a Dios con todo su corazón, esa persona no violaría el séptimo mandamiento que pro-híbe el adulterio. Jesús continuó este pasaje diciendo: «Y el segundo es semejante a este: AMARÁS A TU PRÓJIMO COMO A TI MISMO». Quien comete adulterio no ama a su prójimo (en este caso su cónyuge) como a él mismo. El adulterio hace manifiesto que la persona que comete ese pecado se ama a sí misma más que a Dios y que al prójimo.

Tal como expresamos, el adulterio violenta los principios mora-les de la sociedad. Con frecuencia termina en divorcio y una de sus consecuencias es la inestabilidad emocional de los hijos que, al casarse, duplican los patrones que vivieron en la familia. En otras oportunidades, quedan marcados por un profundo dolor que los lleva a rechazar el matrimonio por temor a que sus hijos sufran como ellos lo hicieron.

El sexo en la escritura

A la relación sexual fuera del matrimonio Dios la llama fornicación y es un pecado. Veamos lo que señala la Biblia: «Huid de la fornica-ción. Todos los demás pecados que un hombre comete están fuera del cuerpo, pero el fornicario peca contra su propio cuerpo» (1 Cor. 6:18). Al tratarse de un cristiano, este pecado adquiere mayor fuerza porque el creyente es templo del Espíritu Santo. Así, en ese caso, peca contra el Espíritu de Dios que mora en él (1 Cor. 6:19). En cambio, en el matrimonio, la relación sexual es por completo lícita asumiendo la ausencia de prácticas ilícitas como es el uso de pornografía, la impo-sición forzada de la relación y otras prácticas contrarias a la revelación de la Escritura. Dios, y no el ser humano, diseñó esta relación con propósitos definidos:

- Para que el hombre y la mujer disfrutaran y se acompañaran (Gén. 2:18; 1 Cor 7:3-5).
- Para reproducirse y poblar la tierra (Gén. 1:27-28).

Dios dio Sus leyes para proteger la santidad del cuerpo y preservar la salud física y emocional de la familia y la sociedad. Cuando la relación sexual se practica fuera del matrimonio, sobre todo si la persona es demasiado joven, la inexperiencia propia de la edad favorece que cambie de pareja más de una vez. Entonces, la fugacidad de sus relaciones le produce una gran sensación de fracaso e inseguridad, sobre todo al sexo femenino. Por otro lado, restarle importancia a una unión que debiera ser sagrada y permanente, en muchos casos, conduce a la promiscuidad.

Responsabilidad de los padres en la educación sexual de los hijos

Uno de los mayores problemas que enfrenta la sociedad actual son las relaciones sexuales antes del tiempo adecuado. La sexualidad precisa de una madurez que los más jóvenes no poseen aún. Los adolescentes no están preparados para enfrentar las consecuencias de una responsabilidad tan grande. Por lo general, el resultado es el aborto y, con ello, la violación del sexto mandamiento: «No matarás». Los hijos producto de una relación temprana, aun si no son abortados, sufren los efectos de las equivocadas decisiones. Crecen sin identidad propia porque casi siempre los crían sus abuelos o personas extrañas. Además, pasan la vida yendo de un hogar a otro. Se convierten en seres humanos inseguros y frustrados por falta de afecto y de patrones de conducta adecuados y consistentes. Por consiguiente, se les dificulta desarrollarse a plenitud en la sociedad.

Vivimos en pleno siglo XXI, y el libertinaje que exhiben nuestros adolescentes es digno de lamentar. Sabemos que son múltiples los factores que influyen en ellos. Sin embargo, a nuestro juicio (y esto lo decimos honradamente como padres y maestros), el mayor problema está en el hogar. Para nosotros resulta estremecedor oír a un padre o a una madre decir: «Es que yo no puedo con este muchacho». Después de traerlos al mundo y dejarlos crecer a la deriva, muchas veces en manos de personas ajenas a ellos, es comprensible que, al llegar a la adolescencia, no haya manera de corregirlos. Pareciera que estos padres tuvieran temor de enfrentar a los hijos.

Aunque el tema de este capítulo está relacionado con el adulterio entre las parejas, no está por completo desconectado de lo que hablamos ahora. Un hogar en que los padres no se constituyen en referentes y educadores de los hijos adultera el compromiso de familia. Los progenitores tienen el deber de educar a sus descendientes en cuanto al comportamiento y el sexo. No pueden trasladar esa responsabilidad tan delicada ni a la escuela ni a personas extrañas. Estamos seguros de que, si hiciéramos una encuesta en nuestros contextos, los resultados nos demostrarían que la mayoría de los padres ni siquiera conocen los programas de educación sexual que se aplican en los centros educativos donde asisten sus hijos. Es cierto que existen padres que no están preparados para enfrentar el tema, pues en el pasado este constituía un «tabú» y ellos no recibieron la instrucción debida. Sin embargo, es su obligación capacitarse para hacerlo. Pueden buscar ayuda en su iglesia si son cristianos o auxiliarse de personas confiables para esta tarea. Tal como se hace al llevar a un hijo al médico en busca de ayuda profesional, esos progenitores requieren encontrar la colaboración necesaria para manejar con sus hijos este tema tan controversial en la actualidad. De no ser así, enfrentaremos los mismos problemas, o peores, en el futuro. Sucede que numerosos chicos que entran a la pubertad lo hacen con gran desinformación sobre la cuestión sexual. Luego, en los medios sociales presencian una tergiversación total al respecto y una creciente inclinación a la promiscuidad. Entonces, estos medios sociales virtuales se convierten en la fuente de múltiples dificultades que enfrentamos como sociedad en relación con la sexualidad.

Reflexión final

Quiero (Viola) traer a reflexión algo que nos impactó de manera positiva mientras leíamos una carta que una madre le escribió a su hijo desde el lecho de muerte. Una amiga personal a quien conocí de cerca por muchos años, recluida en cama por una larga enfermedad incurable, decidió dejarle a su hijo diferentes cartas recopiladas en un manual para la vida. La finalidad era que, cuando ella ya no estuviera presente, en su juventud, él pudiera actuar de manera correcta ante las diferentes circunstancias que se le presentaran con la ayuda de los consejos que como madre sabia dejaba grabados en papel.

Al referirse a la relación sexual, cuyo impulso es natural en todo joven, ella le escribió: «Jamás trates de tocar la flor más bella de una joven, que es su pudor». Un sabio consejo para un hijo de parte de una madre que sabe distinguir entre lo sagrado y lo profano.

¡Qué diferente sería la sociedad de hoy si los padres reflexionaran de ese modo! Sin embargo, es lamentable que ahora escuchemos a innumerables padres decirles a los hijos que no salgan a la calle sin sus condones. Y a las hijas se les advierte desde temprano para que «no caigan en trampas». Por añadidura, las autoridades que están al servicio de la salud y la educación del pueblo recomiendan que se deben distribuir anticonceptivos a los jóvenes en las escuelas para que no lleguen al embarazo. Y explican que es preferible actuar así que tener madres solteras o jóvenes que lleguen a un aborto. La realidad es manifiesta; se les otorga el consentimiento para pecar. Como ya dijimos, la fornicación es pecado a los ojos de Dios.

Muchos afirman que la juventud está perdida y muchos lo están; pero tendríamos que preguntarnos: ¿quién los echó a perder? Muchas veces, son los padres los que los han llevado por el camino de la perdición. Los adultos, con frecuencia, prefieren dejar que la corriente del mundo arrastre a sus hijos antes que disponer su tiempo para conversar con ellos, enseñarles desde temprana edad a respetar su cuerpo, instruirlos en la práctica del dominio propio como fruto del Espíritu Santo (Gál. 5:22) y explicarles que no deben enfrentarse a las tentaciones con la sola creencia de que pueden vencerlas. Los padres cristianos tienen la responsabilidad de enseñar a sus hijos a apegarse y obedecer los mandatos de Dios. Todos conservamos parte de culpa en el descalabro moral que presenciamos como sociedad.

Y que no nos quepa duda de que, a todos, Dios nos pedirá cuentas como miembros responsables de la comunidad humana.

Aplicación personal

1. Después de leer este capítulo, ¿cuál es tu opinión sobre el matrimonio? ¿Te ha ayudado a verlo como una institución sagrada?

2. ¿Qué le aconsejarías a una persona cercana a ti que intenta divorciarse?

3. ¿Cómo ayudarías a una persona que haya cometido adulterio?

CAPÍTULO 12

EL RESPETO A LA PROPIEDAD PRIVADA

No hurtarás.

ÉXODO 20:15

Octavo mandamiento

El hurto podría ser definido como el apoderamiento de alguna cosa sin el consentimiento del dueño. Esto es algo ilegítimo. Sin embargo, el hurto tiene un primo hermano más dañino: el robo. Es el mismo hecho pero agravado, casi siempre con violencia, uso de armas, golpes, torturas y otros actos parecidos que ponen en riesgo la vida de la víctima e incluso de otros alrededor. Es uno de los delitos más graves que se cometen contra la propiedad privada.

Es probable que algunos que comiencen a leer este capítulo piensen: «Esto no tiene que ver conmigo». Eso es admisible porque lo más probable es que no hayan participado nunca en un robo a mano armada, en una estafa a un banco, ni hayan sido condenados por sustraer de modo furtivo algo ajeno porque apropiarse de las pertenencias de otros no es su costumbre. También podría suceder que se desempeñan dentro de un sistema social en que no se respeta el derecho a la propiedad privada y crean que este tema no posee suficiente importancia. Sin embargo, debe llamar nuestra atención que Dios estableció esa prohibición como una ley y la incluyó en las diez leyes fundamentales que entregó a la primera nación que formó. Este mandato implica que todas las personas tienen derecho a la propiedad privada. Así mismo, a cada ciudadano, desde el más humilde hasta el de mayor autoridad en el gobierno, debe respetársele este derecho cardinal. Comprendemos que el Señor nunca quiso formar una sociedad al estilo comunista donde la propiedad ajena fuera irrespetada.

El robo ayer y hoy

En el Antiguo Testamento, Dios estableció juicios en extremo fuertes para aquellos que robaran. En el Libro de Zacarías 5:3, leemos: «... ciertamente todo el que roba será destruido según lo escrito...». Y, aunque esta nos parezca una sentencia sumamente fuerte, Dios entendía que ese era un mal terrible que había que erradicar de la faz de la tierra. Además de ser un pecado contra el prójimo, era en realidad contaminante. Este juicio aplicaba a todos los individuos, y en la actualidad el concepto no ha cambiado. El robo, como otros pecados, contamina.

Queremos resaltar que, al violar el octavo mandamiento, la cantidad robada no es lo más importante para Dios, sino la motivación del corazón de quien comete el robo. El Señor mide el corazón de quienes despojan a otros de sus pertenencias y lo ve cargado de egocentrismo, personas que no se contentan con lo que poseen y no consideran ni aman al prójimo. La ley de Dios, además, no hace excepciones a este mandamiento por motivos de necesidades económicas. En nuestro país (desconocemos si en otros países sucede lo mismo), cuando atrapan a alguien que roba, es común escuchar en su defensa que lo hace porque no tiene trabajo y es un padre de familia que debe llevar el sustento a los hijos. Ya hemos dicho en ocasiones anteriores que el Señor jamás aprobará algo, aunque parezca lícito, si utilizamos medios ilícitos o inmorales. Si lo hiciera contradeciría Su santidad y Su justicia, y Dios no se contradice. Sus leyes son absolutas y se aplican aparte de las circunstancias. Tampoco es correcto que usemos como justificación para transgredir la ley la excusa de que «otros lo hacen» porque el pecado es individual y las consecuencias también lo son.

En la sociedad de hoy, los líderes políticos, los grandes empresarios y las gigantescas corporaciones protagonizan los mayores escándalos en este sentido. Es vergonzoso que en estos ambientes solo se apliquen castigos cuando la persona que roba es alguien común, sin renombre, sin dinero para abonar a costosos abogados y sin fortuna para comprar conciencias. Si se trata de grandes fraudes cometidos por funcionarios del Estado o por personas con vastas influencias, la mayoría de las veces queda impune sin importar cuán grande fue el desfalco. La compra y venta de conciencias parece ser una de las mejores ofertas del mercado en estos tiempos.

«Todo hombre tiene su precio; lo que hace falta es saber cuál es ese precio» es una frase que ha sido atribuida a diferentes personajes de la historia. Esa verdad la presenciamos de forma magnificada en la actualidad porque vivimos tiempos en donde el poder y el dinero parecen estar amparados y protegidos por alguna cláusula especial de la misma ley que condena al ciudadano común y corriente. El robo siempre ha existido, y la prueba es que Dios lo prohibió desde el Antiguo Testamento. Sin embargo, la modalidad que presenciamos en los últimos tiempos es totalmente diferente. Esto no es más que el resultado de poner a un lado la ley de Dios.

Además de vergonzosa, esta situación es en extremo peligrosa. Si los habitantes de una nación no toman en serio este mandamiento, no lo cumplen y tampoco aplican la justicia a quien lo viola, el país entero se corrompe. Es imposible construir un Estado en donde los bienes sean bien administrados y distribuidos si no hay respeto a la propiedad privada. Cuando los individuos se creen con derecho a lo que no es suyo, el desarrollo de la nación se obstaculiza. Además, se produce un desequilibrio social; los pobres se hacen cada día más pobres, los ricos cada día más ricos y los grandes malversadores se convierten en ingentes millonarios, tal como presenciamos en la actualidad. El robo no es solo un atentado contra la propiedad privada, sino también un problema moral. Si la moral se corrompe, la sociedad tiende a caer como cayeron todos los grandes imperios de la antigüedad.

Por otro lado, el que hurta sirve de ejemplo para otros que harán lo mismo. Todo empeora cuando la persona que lo hace es consciente de que está mal y trata de involucrar a otros en el delito porque, como expresa un dicho, «Mal de muchos, consuelo de tontos». Además, al implicar a los demás sienten menos culpa porque conocen que no son los únicos transgresores. Como sociedad estamos en la obligación de levantar la voz en protesta contra estos vicios. La razón es que ponen en entredicho no solo las bases democráticas de nuestro sistema institucional, sino que también detienen el desarrollo económico y el bienestar social del país.

- **La letra de la ley:** no apropiarse de lo que no le pertenece a uno.

- **El espíritu de la ley:** referirse a los hábitos que constituyen diferentes formas de apropiarse de lo ajeno.

Realidad espiritual de la persona que roba

El robo pone en evidencia algunas realidades espirituales y emocionales que atraviesa o son parte de la vida de quien comete ese delito. A continuación, enumeramos algunas:

- **Egocentrismo**

La persona que toma lo ajeno a pesar de saber que no es correcto estima que merece aquello que hurta. No ha definido una adecuada concepción de los límites, quizás porque en la familia no se lo enseñaron o porque tiene más alto concepto de sí que el que debe tener y eso la lleva a pensar que posee el derecho a apropiarse aun de los bienes de los demás. Piensa así: «Lo mío es mío y lo tuyo también es mío». De esa forma, se maneja en la vida. Por supuesto, ese es el primer escalón para adueñarse de lo que no es suyo porque al hacerlo no siente ningún remordimiento de conciencia.

- **Falta de contentamiento con lo que posee**

La falta de contentamiento refleja ingratitud. La persona que roba no agradece ni se conforma con lo que Dios le ha dado, sino que siempre anhela más. El problema radica en que después de obtener lo que codicia su ambición crece sin límites y, la mayoría de las veces, llega a convertirse en una adicción. Algunos se transforman en compradores compulsivos, algo que está de moda por el nivel de competencia que se desarrolla actualmente en la sociedad. En ocasiones recurren a préstamos, aun cuando obtenerlos implique intereses altísimos que, luego al no poder pagar, terminan dejando una deuda abierta, la cual al no ser pagada constituiría el apropiarse ilegítimamente de un dinero que no es del deudor. Así mismo, hacen uso del famoso «tarjetazo» sin preguntarse antes cómo cumplirán con la obligación que contraen. Esa es también una forma de hurto cuando la persona termina sin poder pagar su obligación porque usa dinero que no le pertenece. Los hábitos descritos han llevado a innumerables seres humanos al suicidio. Lo que acontece es que, al verse perseguidos por los acreedores y no poder cumplir con lo acordado, sienten que desaparecer es lo mejor para no soportar más la presión. Muchos han terminado en la cárcel por esa razón. Impresiona y aterra ver cómo individuos que tienen un bajo salario se dan el lujo de poseer tres, cuatro, cinco y aún hasta diez tarjetas de diferentes bancos con el único propósito de satisfacer la compulsión de comprar todo lo que venden o para estar a la par de aquellos que sí pueden adquirirlo.

- **Avaricia**

Esta constituye también una manifestación de la falta de contentamiento porque el avaro siempre quiere más. Sin embargo, posee un complemento adicional: la persona avariciosa es incompetente para desprenderse de lo suyo en beneficio de los demás, incluso si son objetos que no usa o no le sirven para nada. Prefiere contemplarlos en su casa que permitir que otros los disfruten porque se siente bien al acumular cosas materiales. Esto es por completo antibíblico. En el Libro de los Hechos, encontramos estas palabras dichas por Pablo en la ciudad de Mileto: «En todo os mostré que así, trabajando, debéis ayudar a los débiles, y recordar las palabras del Señor Jesús, que dijo: "Más bienaventurado es dar que recibir"» (Hech. 20:35).

- **Falta de amor y consideración hacia los demás**

A las personas que roban no les interesa si, al apropiarse de lo que no es suyo, afectan al dueño de ese bien. Lo que es realmente importante para ellos es satisfacerse a sí mismos. En el Evangelio de Mateo 22:39, Jesús dijo: «... AMARÁS A TU PRÓJIMO COMO A TI MISMO». Es manifiesto que quien comete este delito viola este mandato porque no ama ni considera al prójimo.

Diferentes tipos de robos

Es frecuente que, al hablar de robo, las personas entiendan que este hecho se refiere tan solo a desfalcos y apropiación de objetos o dinero ajenos. Sin embargo, hay innumerables acciones que deben ser consideradas como robo y, por tanto, se incluyen en la prohibición del mandamiento. Muchas de las formas de hurto son tan comunes en la sociedad que en ocasiones ni siquiera se toman en cuenta. Podríamos calificarlos como «robos sociales», tan cotidianos que se ven como normales. Veamos algunos.

- **Robarle a Dios**

La Iglesia del Nuevo Testamento no tiene las mismas obligaciones que el pueblo hebreo en cuanto al diezmo. Sin embargo, al analizar lo que el Señor ha revelado, nos preguntamos: ¿por qué dar a Dios menos bajo el pacto de la gracia que bajo el pacto de la ley? En Israel, el diezmo se recaudaba de la siguiente manera: 10 % para sustentar a los levitas, 10 % para el templo y sus diferentes actividades y festividades, y 10 %, recogido cada tres años, para sostener a los necesitados. Era el equivalente a un 23,3 % al año. Esas mismas necesidades existen hoy y, por ello, pensamos que dar a Dios un 10 %, como mínimo, es un buen inicio.

Este tipo de robo aplica a los cristianos, pues es natural que quienes no tienen una relación con Dios no se sientan obligados a hacerlo. En el Libro de Malaquías 3:8, el profeta habla de parte de Dios y afirma: «¿Robará el hombre a Dios? Pues vosotros me estáis robando. Pero decís: "¿En qué te hemos robado?". En los diezmos y en las ofrendas». Diezmar y ofrendar es parte de la vida de la Iglesia porque es la forma que Dios ha determinado para que esta se sustente. En 1 Corintios 9:14, se establece: «Así también ordenó el Señor que los que proclaman el evangelio, vivan del evangelio». En realidad, bajo el entendimiento del Nuevo Testamento, a Dios le pertenece no el 10% de nuestros ingresos, sino el 100 % de lo que poseemos. Pablo nos llama a ser generosos, dadores alegres (2 Cor. 9:7). Retener lo que es de Dios es una especie de robo.

- **No pagar impuestos al estado**

Todo ciudadano debe pagar al estado los impuestos establecidos por la ley, ya sea en relación con sus negocios, sus propiedades o con cualquier actividad que el gobierno grave con impuestos. Romanos 13:7 ordena: «Pagad a todos lo que debáis: al que impuesto, impuesto; al que tributo, tributo; al que temor, temor; al que honor, honor». Nadie debe justificarse en que un gobierno sea corrupto para evadir esas obligaciones. Juzgarlo le corresponde a Dios. Una excepción podría ser si el gobierno decide cobrar impuestos por una actividad que sea contraria a lo que Dios ha ordenado.

- **Tomar algo prestado y no devolverlo**

Algunas personas acostumbran a tomar cosas prestadas y luego olvidarse de devolverlas. Es ilícito abusar del favor conferido al quedarnos con lo prestado, aun cuando solo se trate de un libro o una revista. No retornarlo de manera intencional es hurto porque «ese bien» tiene otro dueño.

- **No pagar patente ni derechos de autor**

Fotocopiar o grabar material que tiene derechos reservados, tales como, libros, revistas, música, películas, software, etc., sin permiso del autor, y sin que este reciba los beneficios que le corresponden, constituye un hurto. Eso es piratería.

- **Plagiar**

Presentar canciones, libros, obras de teatro, investigaciones, inventos, etc., como de autoría propia, sin serlo, también es hurto sancionable.

- **Robo de identidad**

Cuando se utiliza o transfiere información personal en las redes de forma no autorizada con la intención de vincular a alguien con un fraude o delito, se comete un robo. Los métodos más usados se valen del diseño y uso de software para recolectar información, así como de correos electrónicos y páginas electrónicas falsas. Es una manera de lograr que las personas revelen información que, en innumerables casos, les acarrea no solo un perjuicio económico, sino también gran daño a su reputación.

- *Hackear*

Es cuando se buscan las limitantes de un código para entrar de manera forzada en un sistema de cómputo, usado en la informática o la web. La palabra se deriva de *hack* que significa «recortar o alterar». Es un hurto y, como tal, sancionado por la ley.

- **Robar o malgastar fondos de programas de ayuda social**

Por lo general, este tipo de robo se produce a nivel de organizaciones sociales o gubernamentales. Quien comete este delito no solo toma lo que no le pertenece, sino que también roba la oportunidad a otros (los destinatarios de esos fondos) de disfrutar de esos beneficios. Los recursos de estos programas de ayuda son conferidos a personas que no pueden cubrir por sí mismos sus necesidades.

- **Sobrevalorar**

Cuando se sobrevaloran proyectos o productos con el fin de elevar el margen de beneficios por encima de lo reglamentado, ese hecho se convierte en un robo aberrante y se produce con frecuencia a nivel de las obras del Estado.

- **Sobornar**

Ofrecer dinero a cambio de obtener un beneficio. Esto se ha vuelto tan común en nuestra sociedad que se observa en todos los contextos, desde la forma en que actúan numerosos ciudadanos con los agentes de tránsito cuando han violado la ley hasta la intermediación en la contratación o realización de las obras millonarias de los gobiernos. En los últimos tiempos el soborno se confunde mucho con el *lobbismo*. Los *lobbistas* son personas que usan técnicas especiales para influir a funcionarios en beneficio de los intereses de sus representados. Pero, como bien señala la Escritura en Jeremías 17:9, «Más engañoso que todo, es el corazón, y sin remedio...». Entonces, con frecuencia, estas personas que comenzaron su ejercicio como *lobbistas* terminan desempeñándose en el soborno porque el afán de ganar dinero es una de las pasiones más perniciosas del ser humano. Este es uno de los grandes males que sufren todas las naciones a nivel social. Lo peor es que, como estos delitos por lo general tienen lugar a nivel del Estado y de los megaproyectos, quedan impunes porque el dinero compra y sella la conciencia de numerosas autoridades judiciales.

- **Solicitar comisiones ilegales**

Hay múltiples maneras de cobrar comisiones ilegales. A manera de ilustración, pudiéramos mencionar un ejemplo que ilustra a qué tipo de comisiones nos estamos refiriendo. Alguien puede servir de intermediario con el fin de conseguir el pago de una deuda y valerse de las relaciones que tiene con el deudor siempre y cuando la persona a quien se le debe el dinero le pague una comisión por esa tarea. Esto se ve más a nivel de gobiernos.

- **El robo laboral**

Dentro de los robos sociales se incluyen los llamados «robos laborales». Estos, por lo general son efectuados por empleados en las empresas donde laboran. Las estadísticas de ese tipo de robo son alarmantes. En Estados Unidos, un país que acostumbra llevar estadísticas, el FBI considera el robo laboral como el crimen de mayor crecimiento. La

Sociedad Americana de Empleadores estima que los negocios pierden 20 % de cada dólar a causa de esta modalidad de hurto, que es la más acostumbrada y fácil de cometer. Por ejemplo:

- Fingir estar enfermo para no ir al trabajo.

Es robo de tiempo laboral sumado a la mentira y al engaño.

- Llegar tarde al trabajo y salir antes de lo reglamentado sin razón.

También es robo de tiempo con mentira y engaño. Generalmente se alegan motivos que no son reales.

- Cargar llamadas personales al teléfono de la empresa.

Esto, si no se posee autorización, también es un robo.

- Cargar gastos personales a la empresa.

Es común, sobretodo en empleados que tienen cierta jerarquía, reportar gastos personales como costos de representación sin autorización alguna de los jefes, solo para beneficio propio.

- Sustraer materiales de oficina.

También es frecuente la sustracción de materiales de oficina, de clínicas u hospitales, supermercados y otras instituciones en que se labore para abastecer «lo suyo».

- **Otros engaños o robos**

Esto incluye, vender mercancía dañada, con fecha caducada o cuando se miente sobre la calidad de un producto. La estafa tiene multitud de variantes y se produce con frecuencia en todos los niveles; abarca desde dueños de negocios hasta funcionarios inescrupulosos de las instituciones del Estado.

Todas estas acciones no solo constituyen un robo al empleador, sino también falta de fidelidad a la empresa o persona que ha conferido el empleo. Evidencia, además, un corazón desagradecido. Todo empleado debe ser fiel a la empresa para la cual trabaja.

Existe otro tipo de robo que califica dentro de los laborales y que no podemos omitir. Ocurre cuando el empleador retiene el salario de quien realiza un trabajo, o no le paga lo justo al empleado. En Malaquías 3:5, el Señor afirma: «... y seré un testigo veloz contra los hechiceros, contra los adúlteros, contra los que juran en falso y **contra los que oprimen al jornalero en su salario**, a la viuda y al huérfano, contra los que niegan el derecho del extranjero y los que no me temen...» (énfasis añadido). Es importante notar que, en esta cita, Dios coloca al opresor del jornalero al mismo nivel de maldad que el hechicero y el adúltero. De esta manera, todo salario retenido o injusto constituye un pecado grave.

También existen los llamados «robos de cuello blanco». Son los que realizan personas de un estatus socioeconómico alto, es decir, que desempeñan importantes cargos ejecutivos. Se producen casi siempre a nivel gubernamental e involucran fraudes, lavado de dinero, quiebras fraudulentas, malversación de fondos, aceptación de soborno y engaños de diversas formas. En estos, es el pueblo común el que por lo general sale perjudicado. Se facilita su ejecución por la posición que ocupa quien los comete.

En los últimos años estos escándalos han alcanzado niveles internacionales. Algunos presidentes han sido procesados y altos funcionarios ligados a esas esferas han logrado salir impunes. Y no es por la falta de leyes, sino por la debilidad y complicidad de la justicia. Son numerosas las autoridades prominentes que se han implicado en esos delitos. Con frecuencia, la persona que se inicia en esas faltas comienza por infracciones que considera insignificantes. Sin embargo, hay un principio que se debe tener en cuenta: nuestras pequeñas acciones determinan nuestros grandes hechos. Una gran bola de nieve comienza como un pequeño «copito», pero en la medida en que rueda cuesta abajo se convierte en una enorme masa que arrasa con todo lo que encuentra en su camino. De forma parecida, todo el que cae en tentaciones menores trilla el camino para caer en otras mayores con consecuencias inimaginables.

Los robos al nivel del Estado constituyen uno de los males sociales más popularizados. Además, se convierten en un campo abonado para que el resto de los ciudadanos se sientan con el derecho de imitar esas acciones reprobables. Entonces, si quienes dirigen el destino de la nación lo hacen, el resto de la población no solo tiene en ellos el modelo, sino también el pretexto para llevarlo a cabo. Es un problema tan generalizado en casi todos los países que ha despertado un gran interés en el ámbito académico en busca de soluciones para enfrentarlo. Cada día se percibe un mayor desinterés social en las personas.

Se han elaborado una multitud de programas a nivel de diferentes organizaciones con el fin de enfrentar este terrible mal. Sin embargo, es lamentable reconocer que esto no se soluciona con la realización de proyectos, por más efectivos que parezcan ser. El problema no está en los sectores, sino en el corazón del ser humano que es ambicioso y prefiere ajustarse a los patrones del mundo que a los de Dios.

Por tanto, nos preguntamos: si queremos que la realidad cambie, ¿qué podemos hacer? Se necesita que las personas íntegras, comprometidas con los valores de honestidad, honradez, justicia y equidad, se infiltren cada vez más en las esferas administrativas. Cuando haya seres humanos con ese compromiso, que decidan darle prioridad a los valores absolutos de Dios, entonces y solo entonces veremos cambiar la sociedad.

Reflexión final

La conocida teología de la prosperidad y sus enseñanzas de que todos debemos ser ricos y prósperos se ha infiltrado en numerosas iglesias de hoy. Esta, sin dudas, contribuye al daño social existente. Si continuamos por ese camino, los pobres no tendrán cabida en la familia de Dios o los veremos como «bichos raros». Todos quieren «reclamar lo que les toca».

Habría que preguntarse: ¿cómo puede la criatura reclamarle al Creador? Estos conceptos dañinos llevan a un gran número de personas a robar. Ellos buscan precisamente «lo que les toca». Si, como predica esta teología, todos podemos ser ricos y prósperos, tendríamos que responder este cuestionamiento: ¿por qué, si Dios rechaza la pobreza, Su Hijo nació en un hogar pobre? Y ¿por qué Jesús, en una cena de ricos, exclamó: «... a los pobres siempre los tendréis con vosotros; pero a mí no siempre me tendréis» (Juan 12:8)? ¿Será que Dios no posee suficiente poder como para hacer desaparecer la pobreza? O ¿será que en Su soberanía Él ha determinado que en la tierra haya ricos y pobres?

En Dios encontramos equilibrio. De este modo, los ricos necesitan a los pobres y los pobres a los ricos. ¿Por qué querer desvirtuar un estilo de vida del que Jesús fue el mejor exponente? La cuestión no es si Dios prefiere la pobreza o la riqueza; todo radica en la respuesta que tanto pobres como ricos ofrezcan al Señor. Las posesiones, aun cuando no pueden otorgar felicidad, ofrecen comodidades, satisfacciones y deleites que conforman el estilo de vida que todos quisiéramos disfrutar. No significa que adquirirlas sea malo; pero, si su búsqueda se convierte en nuestra meta y nos olvidamos de Dios, Él no va a bendecir la fortuna que obtengamos.

Aplicación personal

1. Cuando abres tus ojos en la mañana, ¿cuál es tu primera actitud? ¿Das gracias por lo que Dios te ha otorgado o te quejas por lo que te falta?

2. Examina tu conciencia: como ciudadano, ¿pagas con regularidad tus impuestos o los evades porque «todos lo hacen»?

3. ¿Pagas lo justo a tus empleados o abusas de su necesidad?

LA VERDAD: UN VALOR EN EXTINCIÓN

No darás falso testimonio contra tu prójimo.

ÉXODO 20:16

Noveno mandamiento

Un testimonio puede definirse como una declaración que sirve para demostrar la veracidad de un hecho. Si seguimos esta línea de pensamiento, podríamos establecer que un falso testimonio es una mentira.

Para muchos de nuestros antepasados, decir la verdad era algo de peso, no solo desde el punto de vista de sus creencias religiosas, sino también desde una perspectiva social. En muchos de ellos había un cierto orgullo en decir: «Yo soy una persona de una sola palabra». A las personas veraces se las distinguía y se las consideraba íntegras, individuos en quienes se podía confiar. Pero, en la época posmoderna, en la que prevalece el relativismo y se afirma la ausencia de absolutos, en cierto modo es natural que la veracidad se relegue a un segundo plano y la mentira se establezca como un estilo de vida. La verdad pasó a ser un valor en extinción.

La mayoría de los centros educativos enseñan a los jóvenes que cada individuo debe aprender a formar su propio criterio, sin ninguna normativa. Así, instruyen a los chicos y enfatizan que pueden elegir su propio modo de vida porque todos son igualmente válidos, aun si estuvieran en contra de la verdad. Y, por añadidura, las universidades refuerzan estos criterios en el estudiantado presente en sus aulas. En esta sociedad tan liberal en que nos ha tocado vivir, tal como decía alguien: «La mentira se ha convertido en un atajo atractivo para lograr un objetivo».

La mentira en el Antiguo Testamento

La letra de este mandamiento se refiere a no mentir en un juicio contra otra persona; pero el espíritu de esta ley se refiere a todo lo relacionado a la falsedad y la mentira. Cuando Dios estableció la ley en el Antiguo Testamento, el pueblo entendió que ese mandato solo se refería a los juicios y, en efecto, se ponía en práctica si alguien era acusado ante un tribunal. Pero no se le daba mucha importancia a la mentira en el sentido personal. Sin embargo, el interés primario de Dios siempre ha sido preservar la verdad. Por esa razón, en aquel tiempo Él estableció que no se podía dictar sentencia contra una persona con el testimonio de un solo testigo. Deuteronomio 19:15 afirma que: «No se levantará un solo testigo contra un hombre por cualquier iniquidad o por cualquier pecado que haya cometido; el caso será confirmado por el testimonio de dos o tres testigos». De esa forma, el Señor se aseguraba de que la sentencia dictaminada contra alguien siempre estuviera basada en la verdad. Dios conoce a la perfección el corazón pecaminoso del ser humano; sabe que somos capaces de hablar mentiras con el propósito de quitarnos un problema de encima. Él discierne que podríamos culpar a otros e incluso permitir que se los condene en lugar nuestro si nos interesara hacerlo. La intención de Dios al dictar este mandamiento era impedir que se cometiera esa injusticia.

La mentira en el Nuevo Testamento

En el Nuevo Testamento, en Mateo 18:15-16, Jesús confirma la forma de aplicar este mandato cuando se refiere a la disciplina de la Iglesia, y expresa: «… si tu hermano peca, ve y repréndelo a solas; si te escucha, has ganado a tu hermano. Pero si no te escucha, lleva contigo a uno o a dos más, para que TODA PALABRA SEA CONFIRMADA POR BOCA DE DOS O TRES TESTIGOS». La idea aquí es, por un lado, aumentar la presión sobre la persona que ha pecado para que confiese; pero, por otro lado, tácitamente queda implícito que esta acusación no puede ser ligera ni puede dar lugar a la posibilidad de levantar falsos testimonio contra otro, de ahí la necesidad de contar con testigos. Como vemos, la esencia es la misma. Toda acusación en contra de otra persona debe ser sostenida por más de un testigo para asegurar la veracidad de la denuncia antes de aplicar la disciplina.

En Juan 8:44 Jesús llama a Satanás «el padre de la mentira», y de sí mismo afirma: «Yo soy el camino, y **la verdad**, y la vida…» (Juan 14:6, énfasis añadido). Observa que Jesús no expresa: «Yo digo la verdad», sino «Yo soy la verdad». De este modo, la verdad, en esta afirmación salida de los labios de Jesús, no es un simple sustantivo, sino que Cristo personifica o encarna la verdad. La verdad y la mentira nunca podrán andar por el mismo sendero. Cuando hablamos la verdad, nos identificamos con la persona de Jesús y, al hablar mentiras, nos identificamos con el príncipe de las tinieblas. El siguiente ejemplo podría resultarnos más práctico: en el ámbito de los deportes, no se concibe que un seguidor de un equipo se identifique con otro que no sea el suyo. Así mismo ocurre en la política, donde considerarían traición que un simpatizante de un partido se identifique con los postulados de otro grupo político.

Existe una gran diferencia entre los ejemplos citados (sobre deportes y política) y el falso testimonio en contra de una persona. Los primeros se exponen a la vista de todos y el segundo, en cambio, queda en la conciencia y el espíritu de quien lo efectúa, en cierta medida, invisible. Pero Dios, que es omnisciente (Sal. 139:2-3; 1 Jn. 3:20), sabe lo que decimos, hacemos, y aun lo que pensamos. También conoce el porqué de nuestra actitud.

• **La letra de la ley:** no mentir.

• **El espíritu de la ley:** abarcar todo aquello que se oponga a la verdad.

Cómo califica Dios la mentira

Uno de los mayores problemas de la humanidad en relación con la mentira es que no imaginamos lo aborrecible que es para Dios. Sin embargo, en la Escritura, está calificada como falta grave y se muestran innumerables ejemplos. Citaremos solo el caso de Ananías y Safira. Esta pareja era fiel seguidora del evangelio. Pero, cuando los apóstoles comenzaron a fundar la Iglesia, esta pareja mintió sobre la venta de un terreno. Entonces, para dejar establecido que la Iglesia debía estar fundada en la verdad, a Ananías y Safira se les dictaminó la muerte (Hech. 5:1-11). Al leer este pasaje en la Biblia, la primera reacción es de rechazo. En nuestra humanidad, pensamos que esa sentencia fue extrema. Pero, si entendemos el contexto en que se da este hecho, entonces podremos enjuiciarlo del modo correcto.

En la iglesia primitiva todos compartían sus bienes. Esa era la norma de los hermanos en la fe. Cuando a Ananías y Safira se les presenta la ocasión de vender un terreno que poseían, nadie conocía el monto que les habían pagado por él ni ellos estaban en la obligación de decirlo o de donarlo. Eran libres de hacer con su dinero lo que hubiesen querido, de modo que podían donar solo una parte porque no requerían entregarlo todo. Su problema estuvo en que el deseo de sobresalir y distinguirse ante los demás los llevó a mentir. Decir que el dinero donado era el total del precio obtenido los haría parecer como personas generosas y creyeron que podían engañar a Dios. Esto fue lo que Pedro les dijo: «... ¿Por qué concebiste este asunto en tu corazón? No has mentido a los hombres sino a Dios» (Hech. 5:4). Lo que el Señor hizo a través de Pedro en ese momento tenía un doble propósito: deseaba poner un ejemplo y sentar las bases de una Iglesia basada en la verdad y también procuraba que la Iglesia entendiera desde el principio que nadie se burla de Él (Gál. 6:7).

Si reflexionamos en la sociedad actual, provoca tristeza ver cuántos Ananías y Safira andan por el mundo. No hablo solo del contexto secular; eso sería menos doloroso. Este comportamiento ha infiltrado las filas de la Iglesia. A diario nos encontramos con personas que se llaman cristianas, pero mienten con la mayor facilidad y aluden a aquello de que una mentirita blanca no hace daño.

El muy conocido predicador, John F. MacArthur, al tocar el tema de la mentira en una de sus prédicas, dijo: «La verdad no tiene grados ni matices. Una verdad a medias es una mentira completa, y una mentira blanca es realmente negra». Para Dios no existen mentiras blancas. Eso es un invento del ser humano que siempre busca la forma de acomodar las situaciones a su conveniencia.

Es por completo incongruente, sobre todo para quienes nos llamamos cristianos, que practiquemos el juego del príncipe de la mentira. En Proverbios 6, Dios habla de seis cosas que odia y una de ellas es la lengua mentirosa (Prov. 6:17). Y en Proverbios 6:19 alude a «un testigo falso que dice mentiras...». Gracias a Dios que en Su inmensa misericordia nos trazó la senda del perdón a través de Jesús y no nos aplica hoy la pena que nos merecemos por este pecado como lo hizo con Ananías y Safira. Si Él nos impusiera el castigo que merecemos, ¿quién podría sostenerse en este mundo?

La realidad de la mentira

En todo desacuerdo que presenciamos entre personas siempre hay más de una historia:

♣ La que cuentan quienes están envueltos en el altercado.
♣ La historia real.

Esto es un indicativo de que en la historia contada alguien no expresa la verdad o la cuenta solo a medias. No siempre ocurre porque las personas quieran mentir, pues cuando relatamos un hecho somos influenciados por el temperamento, la personalidad, las circunstancias y las emociones (manchados por el pecado), entre otros múltiples factores. Es por esa razón que surgen distintas versiones de un mismo evento. Las personas con un temperamento sanguíneo son más expresivas y extrovertidas. Por tanto, al ofrecer una explicación, enfatizan sus palabras y, en ocasiones, para otorgarle colorido al evento, añaden expresiones que en realidad no se pronunciaron o cuentan acciones que no se produjeron. Los flemáticos, en cambio, son más calmados e introvertidos, y se limitan a expresar lo mínimo posible; sin embargo, su corazón es igualmente mentiroso. Bien dice el salmista: «Dije alarmado: Todo hombre es mentiroso» (Sal. 116:11).

En nuestra experiencia, hemos escuchado la narración de un suceso desde la perspectiva de dos personas y he llegado a pensar que no se trata del mismo evento. Esto ocurre porque los seres humanos no solo perciben de modo distinto los hechos, sino que también los relatan de formas diferentes. Y, para evitar estas confusiones, Dios exige la presencia de dos o más testigos. Así lo instituyó en el Antiguo Testamento y lo reafirmó en el Nuevo Testamento para la disciplina en la Iglesia. Esa debe ser nuestra actitud a nivel personal. Somos dados a creer la primera versión o noticia que nos llega sobre un acontecimiento. Hacemos eso sin investigar primero si la fuente de donde procede es confiable ni averiguar si el evento en verdad ocurrió. Esto es pecar contra Dios que nos entregó otro patrón de interpretación.

Debemos reconocer que una persona no es mentirosa porque miente; miente porque es mentirosa. Eso es parte del ser humano caído. Cuando lo hacemos, tal como hemos dicho, casi siempre es para quedar bien delante de los demás porque para nosotros lo más importante es la reputación. Nos importa poco si quedamos bien o mal con el Señor o si manchamos Su imagen. Es preciso recordar que, para Dios, es más importante nuestro carácter que nuestra reputación. Como cristianos, debemos hacer un compromiso con la verdad y convertirla en una práctica de vida si es que deseamos revelar el Espíritu de Dios que está en nosotros. Jesús declaró en Mateo 5:37: «Antes bien, sea vuestro hablar: "Sí, sí" o "No, no"; y lo que es más de esto, procede del mal».

Diferentes manifestaciones de la mentira

- **La calumnia**

Se considera como calumnia toda manifestación falsa o maliciosa que se hace con el fin de causarle daño a otra persona. Proverbios 10:18 establece que «... el que esparce calumnia es un necio». La palabra «necio» en el idioma hebreo se refiere más bien a una persona sin moralidad. Entonces, desde esta perspectiva, un calumniador es alguien inmoral.

- **La difamación o injuria**

Es otra modalidad de la calumnia, pero tiene más peso porque se hace con la intención expresa de desacreditar el honor de una persona, de descalificarla. Por lo general se presenta en los medios de comunicación, ya sean radiales o escritos, y hoy se utilizan los medios sociales. Es decir, se da en espacios que tengan gran alcance dentro de la sociedad. Tanto unos como otros lesionan la dignidad y menoscaban la reputación y la integridad de quien es calumniado o injuriado.

- **La adulación o lisonja**

Podría definirse como una alabanza exagerada que tiene el propósito específico de obtener un beneficio de quien recibe la adulación. Tiende a engrandecer las cualidades de la persona en cuestión para satisfacer su vanidad y su amor propio. Si nuestro modelo a seguir como cristianos es Jesús, debemos recordar que Él no aceptaba lisonjas. En Marcos 10:17-18 se relata el momento en que una persona lo llamó «Maestro bueno», y esta fue su respuesta: «... ¿Por qué me llamas bueno? Nadie es bueno, sino solo uno, Dios». Con esto, Jesús no negó que Él fuera Dios, sino que estaba enseñando: «Si me llamas bueno, considérame como igual a Dios; de lo contrario, no me llames Dios. O no me llames, sino lo que dices es solo lisonja».

- **El chisme**

El chisme conlleva mentira porque cuando se propaga se tergiversa la realidad de lo sucedido o se «decora» el hecho a fin de obtener mayor credibilidad. Proverbios 20:19 afirma: «El que anda murmurando revela secretos, por tanto no te asocies con el chismoso».

- **La exageración**

Cuando una persona en una conversación exagera un hecho, por lo general tiene el deseo de impresionar a los demás, de ganar la atención o de obtener algún beneficio. Naturalmente que eso también constituye una mentira.

- **El silencio cómplice**

Si alguien sabe la verdad sobre un hecho doloso y lo oculta, ya sea para proteger al culpable o para no involucrarse, actúa de forma irresponsable. Al final, la verdad se abre paso y todo sale a la luz, como afirma el Señor: «… nada hay encubierto que no haya de ser revelado, ni oculto que no haya de saberse» (Mat. 10:26). El silencio cómplice es también una forma de mentira.

- **La transferencia de culpa**

Cuando en un hecho determinado una persona transfiere la culpa a otra para no admitir su responsabilidad, sin dudas miente. Es un pecado que puede tener consecuencias graves. En el principio de la creación, Adán transfirió su culpa a Eva, ella la traspasó a la serpiente, y hasta el día de hoy todos sufrimos las consecuencias de que Adán no asumiera su culpa.

- **Medias verdades**

En este caso debemos hacer una excepción. Por ejemplo, si un niño le pregunta a su madre cómo se forman los bebés, y ella no le da todos los detalles porque entiende que a su edad todavía no puede comprender totalmente el proceso, eso no se considera un pecado.

Aun si le ha explicado una media verdad, no se constituye en mentira porque la intención no es engañar al niño. Pero, cuando una persona revela solo parte de la verdad para no quedar mal o no perjudicar a alguien, miente. La verdad es todo o nada. No se fracciona.

- **El descuido al hablar**

Aunque el descuido al hablar no califica como una mentira propiamente dicha, si se refiere a algo que no es verdad, ya sea porque no ponemos la debida atención a lo que trasmitimos o porque nos guste «darle sabor» a los comentarios, ese descuido se juzga como mentira. Esto es algo característico de los seres humanos. Nos gusta darles sabor a los comentarios porque eso atrae la atención hacia nosotros. Los cristianos debemos caracterizarnos por honrar siempre la verdad, por no hablar de manera descuidada.

- **La hipocresía**

La hipocresía consiste en aparentar algo que no somos. Por supuesto, califica como mentira. Por ejemplo, tener apariencia de santidad en la iglesia cuando en la familia o en el ámbito laboral actuamos de modo diferente. Esto se refiere al aspecto espiritual. En cuanto a lo físico, presenciamos un fenómeno diferente: innumerables mujeres ocultan sus años, se realizan cirugías estéticas y liposucciones, entre otros procedimientos que salen al mercado para aparentar una edad menor a la real. Además, en la actualidad contemplamos fenómenos que nuestros antepasados no hubieran imaginado. Algunos hombres llamados metrosexuales también se someten a diversos «arreglos» con igual finalidad. En tiempos pasados, para el hombre era un orgullo hacer gala de su masculinidad. Es lamentable que hoy eso se haya perdido.

- **Las mentiras a Dios**

Debemos reconocer que los seres humanos somos mentirosos por naturaleza. En innumerables ocasiones llegamos al extremo de creer que podemos mentirle a Dios. Aun conscientes de que Él lo sabe todo, le confesamos nuestros pecados a medias, ocultamos parte de ellos o justificamos, como si el Señor no escudriñara nuestros corazones. En el Libro de Jeremías 17:10, leemos: «Yo, el SEÑOR, escudriño el corazón, pruebo los pensamientos, para dar a cada uno según sus caminos, según el fruto de sus obras».

- **Mentiras por aparente necesidad**

Es una de las formas más comunes de mentir en todos los ambientes, especialmente en política y trabajo. En el medio laboral, se hace para no perder el empleo, ayudar a un compañero, aumentar las ganancias, etc. En esta última razón, se alude que los salarios no son justos y no alcanzan para vivir. Además, se exponen innumerables motivos que desafían la imaginación. En el entorno político, ocurre de forma lamentable porque el proselitismo, en su mayor parte, se realiza por medio de la mentira para ganar seguidores. Se escuchan promesas del líder que las entrega aun si conoce que no podrá cumplirlas o que, en el peor de los casos, no tiene la menor intención de hacerlo.

- **Mentiras «por amor al otro»**

La ética situacional fue promovida por Joseph Fletcher hacia el final de la década de 1960, quien afirmaba que existen situaciones cuando es justificado mentir por amor al otro.[15] La base de este sistema de ética establece al amor como el más alto valor. De esta manera, alguien puede terminar mintiendo sobre cualquier cosa si piensa que la revelación de la verdad haría daño al otro. Esta forma de pensar constituye otra distorsión más de la verdad de Cristo. La verdad puede doler, pero por representar a Dios siempre tenderá a sanar y a hacer crecer al otro. El padre de mentiras es Satanás y por tanto toda mentira es dañina y destructora.

Pero la realidad es que, en este mundo terrenal, o nos movemos en el campo de la verdad o nos movemos en el campo de la mentira. «Nadie puede servir a dos señores...», dijo Jesús en Mateo 6:24.

---

15. Joseph Fletcher, *Situation Ethics: The New Morality* [Ética situacional: La nueva moral], (Louisville: Westminster John Knox Press [2.ª ed.], 1997).

Consecuencias de la mentira

- **La mentira puede destruir reputaciones.**

Al difamar o calumniar a alguien, su nombre queda manchado y su honor y su carácter pueden resultar gravemente afectados. Después que se ha esparcido una mentira, siempre queda la duda.

- **Puede destruir relaciones amistosas.**

Cuando se miente, resulta en extremo difícil recobrar la confianza de la persona a quien se ha engañado.

- **Puede destruir iglesias.**

Las relaciones entre los miembros de una iglesia se lesionan si incurrimos en la mentira porque crece la desconfianza, surgen conflictos y la hermandad que debe caracterizar a los cristianos no se manifiesta. Dios concibió la Iglesia como una familia, y en esta lo más importante es el apoyo entre sus miembros. Nadie buscará el favor de quien no le merece confianza. Dios siempre une, y el diablo desune.

- **Hace que se pierda credibilidad.**

La persona que se caracteriza por mentir provoca la desconfianza de los demás, incluso cuando habla la verdad. Por otro lado, se hace daño a sí misma no solo porque nadie le cree, sino también porque no confía en nadie. Esto sucede porque, tal como señala un refrán, «Cada ladrón juzga por su condición».

- **Lesiona la dignidad de la persona.**

Si mentimos sobre alguien o somos descuidados al hablar de otros, podemos lesionar la dignidad de esos seres humanos. De ese modo, contribuimos a la destrucción de una reputación que posiblemente ha costado años construir.

- **Destruye las familias.**

Es en extremo doloroso para un ser humano enterarse de que un miembro de su familia le ha mentido sobre algo. Es una herida que no solo daña a la persona, sino que también provoca resentimiento y recelo contra todos a su alrededor. Esto sucede porque el individuo engañado piensa que, si alguien con quien convive y en quien había depositado su confianza lo traiciona, entonces ¿qué puede esperar de los demás?

La mentira en la sociedad de hoy

La mentira puede ser considerada como uno de los grandes males de la sociedad actual. Mienten los padres y, en consecuencia, mienten los hijos. Miente desde el más humilde de los ciudadanos hasta el más alto de los funcionarios públicos. Y la razón no es difícil de encontrar porque, si vivimos en una época de relativismo total, la verdad absoluta es la gran ausente en la existencia cotidiana.

Nos hemos insensibilizado y, ahora, somos una sociedad tolerante al engaño y cómplice de la trampa. A estos males nunca se les aplica castigos proporcionales a su gravedad. Alguien dijo que «el peor enemigo de la democracia es la mentira». Si queremos vivir en una sociedad libre y democrática, y dejarles a nuestras futuras generaciones una patria mejor, requerimos practicar la verdad. Esta no viene incluida al nacer. Cuando Adán desobedeció a Dios en el Jardín de Edén, a su mapa genético se le agregó, simbólicamente hablando, un gen espiritual que se llamó mentira. Desde ese momento todos heredamos ese gen y nacemos mentirosos. Si quieres ser libre y vivir en paz, practica la verdad. Tal como el atleta que ejercita su cuerpo para ser efectivo en su deporte favorito, el ser humano se entrena para ser veraz. Cuando seas capaz de decir: «No tengo nada que ocultar, nada que temer ni nada que probar», estás en el camino de la verdad. Si deseas vivir en libertad, honra la verdad.

Reflexión Final

En el momento en que terminamos de escribir este capítulo, vienen a nuestra memoria algunos momentos difíciles que pasé yo (Viola) en mi centro de trabajo cuando mi jefe me decía: «Si llaman y preguntan por el documento tal, di que está listo para firmarse», pero yo sabía que ni siquiera lo habíamos revisado. O las ocasiones que mi esposo me dijo: «Si me llaman, di que ya salí», pero aún estaba en casa. Fueron circunstancias perturbadoras para mí porque sabía que, si decía la verdad, en el primer caso me jugaba mi empleo y en el segundo era probable que ocasionara un gran disgusto en mi hogar.

Es posible que innumerables personas vivan situaciones semejantes a estas en el momento en que comienzan a entender la gravedad de la mentira, tal como me pasó a mí. En múltiples ocasiones, como me sucedía, sucumben y mienten, pero luego se consuelan porque creen que al mentir no le hacen daño a nadie y, por tanto, no es pecado. De ahí han surgido los tan alegados conceptos de «mentiras blancas» y «mentiras piadosas». Las primeras aparentan ser inocentes porque supuestamente no hacen daño y es común que se utilicen para quedar bien. Y las piadosas las decimos con el fin de no herir los sentimientos de otros. Ambas, en definitiva, tienen el mismo objetivo: quedar bien. Resulta interesante ver cómo los seres humanos disfrazamos nuestros pecados y les ponemos etiquetas para hacerlos aceptables a los demás. No existen mentiras blancas ni piadosas porque no podemos considerar piadoso algo que Dios abomina (Prov. 12:22).

Sin embargo, nosotros hicimos de la mentira algo tan habitual que ya forma parte de nuestro diario vivir. Podría decirse que es algo cultural. Incluso hemos llegado al extremo de ufanarnos cuando obtenemos un privilegio o logramos salir de algún problema gracias a una mentira. Lo consideramos como un logro. Hemos acuñado como bueno y válido aquello de que «mientras haya mentiras todo el mundo queda bien».

Si deseas erradicar el hábito de mentir, empieza por decidir ser veraz cuando sepas que hay engaño en un asunto. Si debes decir que no a algo o a alguien, en lugar de inventar una excusa, exprésate con sinceridad, amor y sin ánimo de rechazar al otro, pero mantén tu posición. Es probable que al inicio esto te cause problemas, pero entiende que, si las demás personas se ofenden, no es tu culpa. No eres responsable de las reacciones ni de los sentimientos de los otros. Recuerda siempre que: «... Debemos obedecer a Dios antes que a los hombres» (Hech. 5:29). Erradica de tu vida la mentira. Identifícate con la verdad y comprobarás, como me sucedió a mí, que Dios se encarga de cambiar de modo progresivo a quienes están a tu alrededor.

Aplicación personal

1. ¿Estás acostumbrado a mentir? Pregúntate por qué lo haces. Es un ejercicio práctico para descubrir cuáles son las brechas en tu vida espiritual.

2. ¿Cuántas veces al relatar un hecho lo has exagerado para hacerlo lucir más creíble? Pregúntate qué buscas con eso. Te servirá para conocerte a ti mismo y empezar a cambiar.

3. Si mientes para agradar al otro, recuerda que no eres responsable de cómo se sientan o actúen los demás. Agrada primero a Dios; Él se encarga de lo demás.

CAPÍTULO 14

LA CODICIA: UNA ACTITUD DIFÍCIL DE ADMITIR

No codiciarás la casa de tu prójimo; no codiciarás la mujer de tu prójimo, ni su siervo, ni su sierva, ni su buey, ni su asno, ni nada que sea de tu prójimo.

ÉXODO 20:17

Décimo mandamiento

La codicia puede definirse como una ambición desmedida o un deseo desordenado por tener poder, dinero y bienes materiales. No es una actitud nueva ni de las últimas generaciones: ha existido siempre. El primer ejemplo de codicia lo encontramos en Satanás en el principio de los tiempos. Debido a su ambición por la gloria, el poder y la majestad de Dios, fue desterrado y se convirtió en demonio (Isa. 14:12-14). Algo semejante aconteció también con Adán y Eva en el Jardín de Edén; por codiciar sabiduría y autodeterminación, desobedecieron a Dios y sumieron a toda la humanidad en un mundo de pecado (Gén. 3:6-7).

La codicia es uno de los pecados más generalizados en el ser humano, aunque también es de los más difíciles de admitir. Este comportamiento tiene una característica sumamente especial: al tratarse de una actitud del corazón, solo Dios puede verla. Es un afecto que va más allá de un deseo normal; se convierte en un anhelo desenfrenado del corazón centrado en los bienes materiales. En la mayoría de los casos, se manifiesta como un apetito insaciable por tener cosas, aun si no son necesarias. Quien padece de codicia, con tal de conseguir lo que ansía, le hace daño al otro sin que eso le preocupe. Acontece así porque la ambición desmedida provoca que el objeto deseado acapare la mente y el corazón hasta convertirse en una obsesión.

Cómo entender mejor la codicia

En el idioma hebreo, uno de los términos empleados para referirse a la codicia es *kjamád,* que significa un «deseo excesivo de tener», algo así como una sed que no se sacia. Los griegos, para referirse a ese sentimiento usaban el vocablo *pleonexía*, que alude al deseo de tener siempre más, sin importar el costo ni lo que deba hacerse para obtener lo que se ambiciona. Los romanos usaban dos frases en latín que eran muy específicas. Una era propia de Ovidio, el renombrado poeta romano: *amor sceleratus habendi*, que se traduce como «amor maldito de poseer». El otro vocablo es *philarguros*, cuyo significado se refiere a alguien amante del dinero. Es el mismo término que usa Pablo en la primera carta a su discípulo Timoteo al decir que: «... la raíz de todos los males es el amor al dinero (*philarguría*)...» (1 Tim. 6:10).

La codicia no es desear algo. Si así fuera, Dios no la consideraría un pecado. El deseo se transforma en codicia cuando se intensifica sin límites y se ambiciona siempre más de lo que ya se tiene. Los seres humanos que no se sacian con lo que poseen y desean aquello que no les pertenece, cometen este pecado, tal como señala el mandamiento.

Desear es parte de nuestra naturaleza humana. Pero, con la caída de Adán y Eva, el hombre comenzó a desear cosas ilegítimas, con motivaciones erradas (aun si lo deseado es legítimo) y a desear más de lo que necesita.

Si alguna de esas distorsiones domina nuestras emociones, poseemos una actitud codiciosa.

La opinión de Dios sobre la codicia

Cuando Dios decidió construir una nación, consideró que ellos debían aprender a no codiciar. Por esa razón, incluyó este pecado como una prohibición entre las diez leyes principales. El Señor conoce que esta transgresión provoca grandes y graves consecuencias. En Jeremías 6:13, Dios habla a través del profeta y afirma: «Porque desde el menor hasta el mayor, todos ellos codician ganancias, y desde el profeta hasta el sacerdote, todos practican el engaño».

En el Salmo 119:36 leemos: «Inclina mi corazón a tus testimonios y no a las ganancias deshonestas». Esta declaración evidencia que un corazón inclinado hacia Dios y Su Palabra no puede ser codicioso. El salmista le pide a Dios que incline su corazón hacia Él, conociendo que la inclinación natural de ese corazón es hacia el pecado y la codicia es uno de ellos.

Para Dios, el problema no radica en las ganancias, sino en el amor excesivo hacia ellas. Ser rico en bienes y propiedades no es pecado. El Señor no está en contra de esto. De hecho, en el Antiguo Testamento leemos sobre muchos patriarcas y hombres de Dios que fueron bendecidos con excelentes posiciones económicas. De igual manera, en la actualidad numerosos cristianos genuinos tienen mucho dinero y eso no constituye un obstáculo para su salvación. En este mundo caído, necesitamos el dinero para resolver la mayoría de nuestras carencias materiales. Pero debemos tener en cuenta las objeciones de Dios en cuanto a la posesión de riquezas. Él toma en cuenta de qué manera obtenemos el dinero:

- Si es de forma lícita o ilícita.
- Si reconocemos que todo proviene de Él por pura gracia.
- Si somos buenos administradores de los bienes que Él nos confía.
- Si somos agradecidos con lo que tenemos o si siempre aspiramos a mayores riquezas o a riquezas ajenas.
- Si entendemos que nuestras posesiones no son solo para disfrutarlas en nuestros deseos egoístas, sino también para compartirlas con los demás.

El daño de la codicia

La codicia era común en el pueblo de Israel y sigue vigente el día de hoy. No es algo de esta época, como ya hemos dicho. Lo nuevo es que cada vez se hace más generalizado. De alguna forma, este mundo nos ha vendido la idea de que los seres humanos no valen por lo que son, sino por el estatus, la fama, el poder y el dinero que tengan. Y, aunque es lamentable, compramos esa mentira.

Dios, al entregar este mandamiento al pueblo judío, sabía que el funcionamiento adecuado de una nación requería que los habitantes supieran controlar sus apetitos por las cosas ajenas. Es manifiesto que en aquel tiempo, y hoy, los seres humanos poseen diferentes cosas. Esto ocurre porque en toda sociedad hay personas más y menos inteligentes, diligentes para el trabajo y otras menos aplicadas, emprendedoras y ociosas, discapacitadas, etc. En el mundo, hay individuos con caracteres y personalidades que se desarrollan de maneras diversas, razón por la cual no podrían ocupar las mismas posiciones. De ahí que en una ocasión Jesús dijera: «Porque a los pobres siempre los tendréis con vosotros…» (Mat. 26:11).

La codicia es una actitud en extremo dañina tanto para quien la guarda en su corazón, como para los demás. El sentimiento de ambición afecta a las personas a nuestro alrededor por la destructora idea fija de que «no hay razón para que otro tenga más que yo». Así mismo, este pecado impulsa al ser humano a realizar alianzas censurables con tal de saciar su ansia. Es por esto que innumerables personas no se preocupan por que sus vidas sean deshonestas y deshonrosas, que sus nombres figuren como malhechores con tal de obtener lo que codician. La justificación de «lo que hago no es ilegal» constituye el amparo de cientos y miles de seres humanos. Sin embargo, conocemos que más allá de la legalidad hay acciones que no por ser legales son morales. Así que no son correctas.

Es importante distinguir el derecho legal del derecho moral. Una acción legal no es necesariamente una correcta. Vivir de acuerdo con las leyes de un país no implica hacerlo de acuerdo con la ley de Dios. No debemos olvidar que Dios es el dador de la ley moral. Si lo legal fuera automáticamente moral, entonces las acciones de Hitler contra los judíos en la Alemania de aquel entonces podrían ser justificadas y no lo son. Dios dio al hombre una conciencia y, a nivel de esa conciencia, ese hombre tiene un conocimiento básico de lo que es bueno o malo.

- **La letra de la ley:** no codiciar los bienes ajenos.

- **El espíritu de la ley:** no poseer una actitud de corazón que me haga desear aquellas cosas a las que no tengo derecho.

La codicia, además, lleva a la idolatría porque, cuando la persona tiene un deseo desmedido por algo, coloca ese anhelo en primer lugar en su vida y todo lo demás, incluso Dios, pasa a un segundo plano. Recordemos que, si algo ocupa el lugar del Señor en nuestra existencia, se convierte en un ídolo.

Formas y razones de la codicia

- **El amor al dinero**

Tal como indica 1 Timoteo 6:10: «… la raíz de todos los males es el amor al dinero…»; no es el dinero en sí mismo. Hay seres humanos que adoran el dinero como Aladino adora la lámpara y la frota para que el genio le conceda sus deseos, como se narra en el famoso cuento, «La lámpara de Aladino». De manera parecida, la persona codiciosa se apega a las riquezas y las adora porque entiende que poseerlas satisfará todos sus deseos.

En la Grecia medieval, Mammón era considerado una potestad demoníaca que controlaba todas las riquezas de este mundo. De acuerdo con Tomás de Aquino, Mammón es el dios pagano de la codicia ante el cual se arrodillan quienes están esclavizados por ese mal. Ya Jesús había enseñado que: «Ningún siervo puede servir a dos señores, porque o aborrecerá a uno y amará al otro, o se apegará a

uno y despreciará al otro. No podéis servir a Dios y a las riquezas»
(Luc. 16:13).

La razón principal por la que innumerables dueños de empresas
explotan a los empleados es porque tienen un corazón codicioso.
Aumentan sus ganancias en el negocio y no reflejan el beneficio que
reciben en un aumento salarial a sus empleados. Esto sucede porque
la codicia nunca se compadece de las necesidades de los demás. En
ocasiones, creemos que ese mal solo lo sufren quienes tienen grandes
cantidades en bienes, inversiones o cuentas de bancos. Sin embargo,
cualquier persona, sea rica o pobre, puede ser codiciosa.

- **Desear siempre lo mejor de las cosas**

Es algo así como ambicionar el mejor vehículo, el mejor celular, el
mejor traje de la fiesta, la mejor casa del vecindario, etc. Por lo general, las personas que sufren de codicia son infelices porque siempre
se comparan con los demás. En la mayoría de los casos, las comparaciones nacen de un profundo sentimiento de inseguridad. Suponen
que, si poseen lo que el otro tiene, serán más valorados y aceptados
en su grupo social.

La cura para la codicia

La única cura para la codicia es el contentamiento, pues ese pecado
es característico de un corazón desagradecido. Epicuro, gran filósofo
griego que no tiene relación alguna con religión ni con la Biblia,
señaló: «¿Quieres ser rico? Pues no te afanes en aumentar tus bienes,
sino en disminuir tu codicia». Y nos atrevemos a añadir: si quieres
ser libre, aprende a contentarte con lo que tienes. Si cada día ambi-
cionas lo que Dios no te ha dado, habría que cuestionar tu cristianismo porque no has aprendido a ejercer tu dominio propio.

Muchos confunden el contentamiento con el conformismo. Pero
estas actitudes son totalmente diferentes. El conformismo es un con-
dicionamiento, un estado mental de la persona que acepta todo lo que
le imponen porque cree que es imposible cambiar. El contentamiento,

en cambio, es un estado interior de paz espiritual que nos permite vivir sin angustias ni ansiedades y confiar siempre en Dios. Él nos manda a tener contentamiento, no a ser conformistas.

El apóstol Pablo escribió a Timoteo, su discípulo más joven:

> Pero la piedad, en efecto, es un medio de gran ganancia cuando va acompañada de contentamiento. Porque nada hemos traído al mundo, así que nada podemos sacar de él. Y si tenemos qué comer y con qué cubrirnos, con eso estaremos contentos. Pero los que quieren enriquecerse caen en tentación y lazo y en muchos deseos necios y dañosos que hunden a los hombres en la ruina y en la perdición. Porque la raíz de todos los males es el amor al dinero, por el cual, codiciándolo algunos, se extraviaron de la fe y se torturaron con muchos dolores (1 Tim. 6:6-10).

La codicia en la sociedad de hoy

En la actualidad, las personas tienen un afán desenfrenado por cambiar todo lo que poseen en diversos aspectos. Nadie está conforme con el diseño original de Dios; no quieren aceptarse como son ni con lo que tienen. Todos desean más y ansían ser diferentes a como Él los formó. Los descubrimientos de la ciencia y la tecnología han avanzado de forma acelerada, y así mismo se ha intensificado la codicia en el corazón del ser humano.

La generación actual puede considerarse como la que ha tenido mayores logros, más facilidades de vida, más progresos y la mayor abundancia material en toda la historia de la humanidad. Disfruta de una tecnología que está en progreso constante; posee mejores televisores, celulares, medios de transportes e impresionantes viviendas. En los hogares contamos con equipos electrónicos que nos facilitan el desarrollo de la rutina diaria. Nos beneficiamos de lavadoras, secadoras, hornos digitales y todo tipo de artefacto y equipo electrodoméstico que nos permiten realizar un menor esfuerzo que a nuestros antepasados. Las mujeres han logrado incluirse en el ambiente laboral como en ninguna otra época pasada y poseen múltiples facilidades que no disfrutaban las mujeres de antaño. Sin embargo, esta generación ha sido considerada como la más insatisfecha. Siempre quiere más y, por añadidura, todo lo quiere «aquí y ahora». Aquello de la gratificación retardada, como un modelo de disciplina, ya no se conoce. Los hijos lo ignoran porque los padres no lo aplican.

Cuanto más crecen la publicidad y el mercadeo, mayor es el deseo desenfrenado del ser humano por obtener todo lo que le ofertan. Esto crea necesidades irreales en la mente de las personas, y es por esa razón que viven insatisfechas y buscan saciar los deseos de sus corazones ambiciosos con cosas materiales. Como resultado, tenemos una sociedad altamente consumista que vive inconforme. Si no aprendemos a disciplinarnos, aumentará el desorden económico y social que vivimos porque cada día las ambiciones y la insatisfacción crecerán y conducirán a los peores vicios. Quienes codician son capaces no solo de cometer actos ilícitos, sino también de inducir a otros a delinquir con tal de obtener aquello que ansían.

Un cristiano codicioso es incongruente con la vida apacible del Espíritu. Por esto, es imposible que una persona codiciosa viva en la libertad que Dios anhelaba para nosotros al darnos Su ley.

Reflexión final

Es nuestro deseo que al terminar de leer este libro puedas decir como el salmista: «La ley del Señor es perfecta: me ha restaurado el alma; el testimonio del Señor es seguro: me ha hecho sabio. Los preceptos del Señor son rectos, me han alegrado el corazón; el mandamiento del Señor es puro: me ha abierto los ojos del alma…» (Sal. 19:7-8, parafraseado por los autores).

Y, por último, queremos llamar tu atención en este sentido. En cuanto a este capítulo, ten presente que por la codicia, al principio de los tiempos, un querubín se convirtió en demonio.

Aplicación personal

1. ¿Quieres ser libre del apego a lo material? Practica la generosidad. Es la clave para una vida feliz y saludable.

2. Trata siempre de no confundir deseos con necesidades.

3. Ten presente que «tener» no te dará el control sobre los demás o sobre las cosas. Siempre habrá algo que escape de tu control.

Bibliografía

Adams, John. *Autobiography, part 2, «Travels, and Negotiations»*, 1777-1778, hoja 27 de 37, 1778. Sitio web: https://www.masshist.org/digitaladams /archive/doc?id=A2_27&bc=%2Fdigitaladams%2Farchive%2Fbrowse% 2Fautobio_by_date.php.

Barclay, W. *Ten Commandments.* Louisville: Westminster John Knox Press, 1998.

Benware, P. N. *Panorama del Antiguo Testamento.* Michigan: Editorial Portavoz, 2016.

DeYoung, Kevin. *The 10 Commandments: What they mean, why they matter, and why we should obey them.* Wheaton: Crossway, 2018.

Douma, J. *The Ten Commandments: Manual for the Christian Life.* Phillipsburg: P & R Publishing, 1996.

Fesko, J. V. *The Rule of Love: broken, fulfilled and applied.* Grand Rapids: Reformation Heritage Books, 2009.

Fletcher, Joseph. *Situation Ethics: The New Morality.* Louisville: Westminster John Knox Press [2.ª ed.], 1997.

Geisler, Norman. *Baker Encyclopedia of Christian Apologetics.* Grand Rapids: Baker Books, 1999.

Holbert, John C. *The Great Texts: A preaching commentary The Ten Commandments.* Nashville: Abingdon Press, 2011.

Horton, Michael S. *The Law of Perfect Freedom: Relating to God and others trough The Ten Commandments.* Chicago: Moody Publishers, 2004.

Hughes, R. Kent. *Disciplines of Grace: Gods Ten Words for a vital spiritual Life.* Wheaton: Crossway, 1993.

Kennedy, D. James. *Why The Ten Commandments Matter.* FaithWords, 2005.

Lewis, C. S. *Letters of C.S. Lewis*, 1960.

Mohler Jr., R. Albert. *Words from the Fire: Hearing the voice of God in the 10 Commandments.* Chicago: Moody Publishers, 2009.

MacArthur, J. *El Evangelio según Jesucristo*. Edición de aniversario. Actualizada y ampliada. Editorial Mundo Hispano. Casa Bautista de Publicaciones, 2016.

Munson, Ronald, ed. (2014). *Intervention and reflection: basic issues in bioethics in bioethics* (Ed. concisa). Boston: Wadsworth/Cengage Learning. pp. 524–527. ISBN 978-1285071381.

Núñez, Miguel. *Vivir con Integridad y Sabiduria*. Nashville: B&H Publishing Group, 2016.

Núñez, Miguel. *Jesús, el hombre que desafió el mundo y confronta tu vida*. Nashville: B&H Publishing Group, 2018.

Packer, J. I. *Keeping the 10 Commandments*. Illinois: Crossway, 2007.

Pink, Arthur W. *The Ten Commandments*. Sovereign Grace Publishers, 2007.

Raus, Kasper (1 June 2016). «The Extension of Belgium's Euthanasia Law to Include Competent Minors». *Journal of Bioethical Inquiry*. **13** (2): 305 315. doi:10.1007/s11673-016-9705-5. ISSN 1176-7529. PMID 26842904

«Reasons U.S. Women Have Abortions: Quantitative and Qualitative Perspectives». Sitio web: https://www.guttmacher.org/journals/psrh/2005/reasons-us-women-have-abortions-quantitative-and-qualitative-perspectives

Rooker, Mark F. *The Ten Commandments: Ethics for the twenty-first century*. Nashville: B&H Publishing Group, 2010.

Ryken, Philip Graham. *Written in Stone: The Ten Commandments and Today's Moral Crisis*. Phillipsburg: P & R Publishing, 2010.

Schenck, Rob. *The Ten Words that Will Change a Nation: The Ten Commandments*. Albany Publishing, 1999.

Scott, J. B. *El Plan de Dios en el Antiguo Testamento*. Miami: Editorial Unilit, 2002.

Time Magazine. «The Hippies», 7 de julio de 1967.

Watson, Thomas. *The Ten Commandments*. Banner of Truth Trust [Ed. revisada], 1988.

Williams, J. Rodman. *The Ten Commandments: Ancient Words Timeless Truth*. Corinth House [1.ª ed.], 2012.